저녁 무렵에 면도하기

MURAKAMI RAJIO
by Haruki Murakami

Copyright ⓒ Haruki Murakami, 2001
Illustrations ⓒ Ayumi Ohashi, 2001
All rights reserved.

Originally Published in Japan by Magazine House, Tokyo.
This Korean edition was published by Viche,
an imprint of Gimm-Young Publishers, Inc., in 2013
by arrangement with Haruki Murakami, Japan
through THE SAKAI AGENCY and IMPRIMA KOREA AGENCY.

저녁 무렵에 면도하기_첫번째 무라카미 라디오

1판 1쇄 발행 2013년 5월 20일 **1판 10쇄 발행** 2025년 8월 26일

지은이 무라카미 하루키 **옮긴이** 권남희
펴낸이 박강휘
편집 장선정 **디자인** 정지현

발행처 김영사
주소 경기도 파주시 문발로 197(문발동) 우편번호 10881
등록 1979년 5월 17일 (제406-2003-036호)
주문 및 문의 전화 031)955-3200 **팩스** 031)955-3111
편집부 전화 02)3668-3295 **팩스** 02)745-4827 **전자우편** literature@gimmyoung.com
비채 블로그 blog.naver.com/viche_books **인스타그램** @drviche, @viche_editors
트위터 @vichebook

이 책의 한국어판 저작권은 사카이 에이전시와 임프리마 코리아 에이전시를 통해 저작권자와 독점계약한 김영사의 문학 브랜드 비채가 소유합니다. 저작권법에 의해 한국 내에서 보호를 받는 저작물이므로 무단전재와 무단복제를 금합니다.
ISBN 978-89-349-7808-4 04830 책값은 뒤표지에 있습니다.

저녁 무렵에 면도하기

첫번째 무라카미 라디오

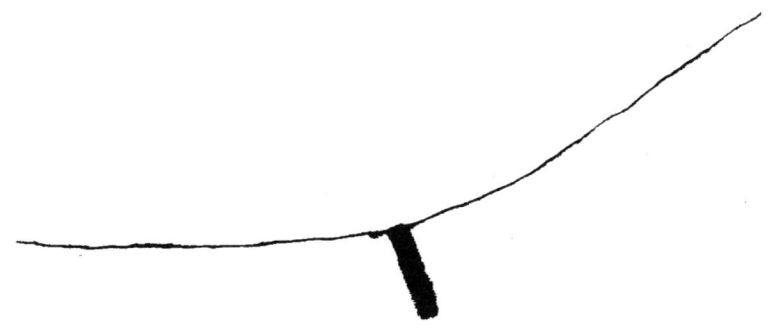

무라카미 하루키

오하시 아유미 그림·권남희 옮김

비채

차례

슈트 이야기 8
영양가 있는 음악 12
리스토란테의 밤 16
불에 태우기 20
네코야마 씨는 어디로 가는가? 24
장어 28
로도스 섬 상공에서 32
당근 36
가키피 문제, 뿌리가 깊다 40
뛰기 전에 보는 것도 나쁘지 않다 44
오블래디 오블라다 48
파스타나 삶아! 52
사과의 마음 56
긴피라 뮤직 60
고양이의 자살 64
스키야키가 좋아 68

김밥과 야구장　72

삼십 년 전에 일어난 일　76

세상은 중고 레코드 가게　80

코트 속의 강아지　84

버지니아 울프는 무서웠다　88

저녁 무렵에 면도하기　92

도넛　96

판화　100

상당히 문제가 있다　104

성가신 비행기　108

크로켓과의 밀월　112

가르치는 게 서툴다　116

앗, 안 돼!　120

사람들은 왜 지라시 스시를 좋아하는가　124

원시적 광경　128

넓은 들판 아래서　132

작은 과자빵 이야기　136

트랜지스터 라디오　140

하늘 위의 블러디 메리　144

새하얀 거짓말　148

이상한 동물원 152

이걸로 됐어 156

원주율 아저씨 160

센트럴파크의 매 164

사랑에 빠진 사람처럼 168

식당차가 있으면 좋을 텐데 172

장수하는 것도 말이지 176

골동품 가게 기담 180

싸움을 하지 않는다 184

버드나무여, 나를 위해 울어주렴 188

체중계 192

골프가 그렇게 재미있을까 196

길만 있으면 200

안녕을 말하는 것은 204

후기

무라카미 하루키 210

오하시 아유미 212

슈트   이야기

요전에 옷장을 정리하다가 내가 슈트를 다섯 벌이나 갖고 있다는 것을 알게 되었다. 넥타이도 스무 개나 있었다. 그러나 기억을 더듬어보면, 지난 삼 년 동안 슈트를 입은 일은 겨우 한 번밖에 없고 넥타이 역시 한 해에 몇 번 맬까 말까 했다. 그런데 어째서 이렇게 슈트를 갖고 있는 거지, 하고 고개를 갸우뚱하게 됐다. 일단 명색이 다 자란 사회인이니 혹시 모를 때를 위해 계절별 슈트를 준비해두는 것이 상식이겠지만, 그것 역시 "흥, 나는 슈트 따윈 안 입어" 하고 틀에 얽매이지 않으면 직업상 통용되지 않을 것도 없다.

어째서일까, 고심하던 차에 퍼뜩 생각났는데(까맣게 잊고 있었다), 마흔 살이 됐을 때 '그래, 이제 젊지도 않은데 슬슬 제대로 된 차림새로 제대로 어른답게 살아야지' 하는 결심을 했다. 그래서 슈트를 맞추고 가죽구두도 장만했다. 마침 로마에 살 때여서, 합리적인 가격으로 꽤 근사한 옷을 살 수 있었고, 그런 옷을 차려입고 '외출'할 만한 곳도 있었다. 이탈리아란 나라는 제대로 갖춰입지 않으면 레스토랑에 가도 좋은 자리를 내어주지 않는다. 오로지 차림새

로 사람을 판단하는 나라로, 인격이고 능력이고 그런 건 일상에서 거의 소용없다. 무엇이 어찌 되었건 일단은 외양. 그래서 다들 말쑥하게 차리고 다닌다. 뭐, 그건 그것대로 깔끔하니 좋다고 할 수도 있겠지만…….

그런데 일본에 돌아와 눈 깜짝할 새에 원래의 면바지에 운동화 생활로 돌아가, 슈트니 넥타이니 가죽구두니 하는 것들을 까맣게 잊고 지냈다. 한심한 노릇이다.

생각건대, 인간이란 본디 아무리 나이를 먹어도 별로 달라지지 않는 것 같다. 어떤 계기로, '자, 오늘부터 달라지자!' 하고 굳게 결심하지만, 그 어떤 것이 없어져버리면 대부분의 사람들은 대부분의 경우 마치 형상기억합금처럼, 혹은 뒷걸음질쳐서 구멍 속으로 숨어버리는 거북이처럼 어물어물 원래 스타일로 돌아가버린다. 결심 따위는 어차피 인생의 에너지 낭비에 지나지 않는다. 나는 옷장을 열고 팔도 제대로 끼어보지 않은 슈트와 주름 하나 없는 넥타이를 보면서 그런 사실을 통감했다. 그러나 반대로 '딱히 달라지지 않아

도 돼'라고 생각하고 있으면, 희한하게 사람은 달라진다. 이상한 얘기지만.

각설하고, 지금까지의 인생에서 가장 기억에 남는 슈트는 이십 년쯤 전에 〈군쇼群像〉 신인상을 받을 때 시상식에 입고 간 올리브색 면슈트다. 당시 슈트란 게 없던 나는 아오야마의 반VAN에 가서 할인하는 슈트를 한 벌 샀다. 거기에 평소 신던 하얀색 운동화를 신었다. 그때는 지금부터 뭔가 새로운 인생이 시작되겠구나 하는 느낌이었다. 실제로 새로운 인생이 시작되었는가 하면, 으음, 분명 시작됐다고 할 수도 있고 별로 달라진 게 없잖냐고 하면 또 그런 것 같기도 하다. 잘 표현할 순 없지만.

영양가 있는 음악

빔 벤더스의 영화 〈부에나비스타 소셜 클럽〉을 보았다. 새삼스레 설명할 필요도 없겠지만, 미국의 뮤지션 라이 쿠더가 잊혀가는 전설적인 쿠바의 명연주자들을 찾아 팀을 꾸리고 현지에서 레코딩을 하는가 하면 그 여세를 몰아 해외공연까지 성황리에 개최하는 과정을 그린 소위 '음악 다큐멘터리'다. 등장하는 음악가는 하나같이 매력적이고 음악도 가슴이 설렐 정도로 좋아서 흠뻑 빠져들었다.

그런데 이 영화를 본 것은 대대적인 이사를 한 다음 날이었다. 나는 수백 개의 짐을 나른 덕분에(오래된 레코드만 육천 장이나 되었다), 파김치처럼 몸이 축 늘어져 있었다. 영화관 의자에 앉으니 다리가 갑자기 휘주근하게 풀려 이대로 평생 일어서지 못하는 게 아닐까 싶었다. 서서 움직일 때는 모르다가 한번 자리에 앉으면 피로가 한꺼번에 밀려온 적, 있으시죠?

피로 탓에 영화가 시작되고 처음 한 시간 정도는 곳곳에서 꾸벅꾸벅 졸았다. 도저히 눈을 뜨고 있을 수가 없었다. 머릿속으로 '굉장한걸' 하고 생각하면서도 몸은 유락한 잠의 늪으로 스르륵 미끄

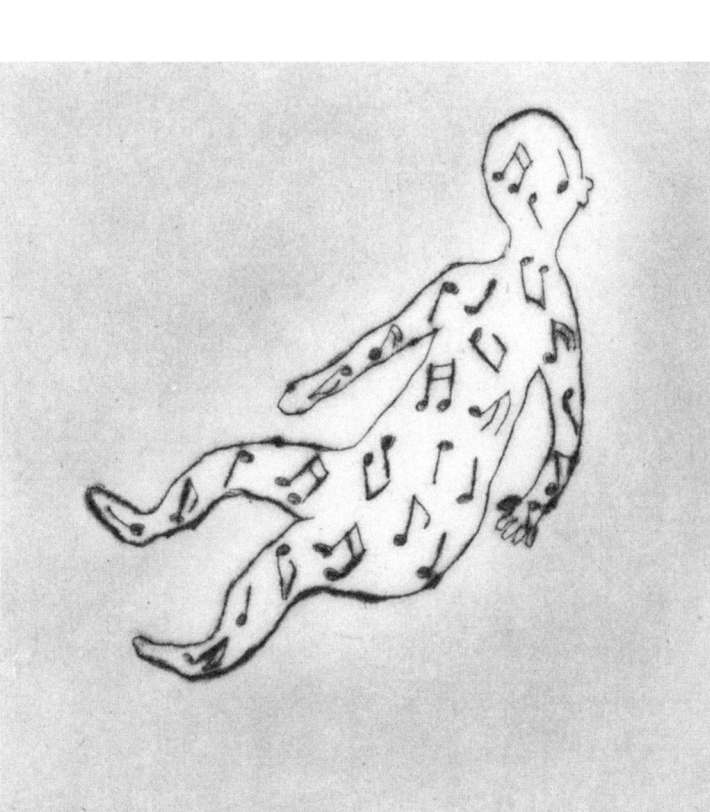

러져갔다. 몇 번인가 짧은 꿈까지 꾸었다. 죄다 맥락이 없는 이상한 꿈이었다. 그리고 꿈을 꿀 때마다 피로가 조금씩 풀리는 것 같았다. 그러는 동안 귓가에는 줄곧 쿠바 음악이 편안하게 흘렀다. 이런 이유로 나는 이 영화에 대해 놓치고 있는 부분이 있을지도 모른다. 그러나 영화관에서 나왔을 때 내 몸은 몇 개의 꿈을 거쳐 중고 레코드 등급으로 말하면 '신품동급'으로 돌아와 있었다. 그래서 나는 머리가 아니라 몸 전체로 이 영화를 정당하게 이해하고 평가했다고 생각한다. 몸의 저 깊숙이까지 배어든 영화의 영양분을 쭉 빨아들인 듯한 느낌이라고 할까. 이런 저런 어려운 말로 더 설명하고 싶지 않다.

그래도 이런 영화는 비디오로 보기보다 가능한 한 영화관의 친근한 어둠 속에서 온통 음악에 휩싸인 채 봐야 한다고 생각한다. 그러지 않으면 몰입하기 어려울 수도 있다.

짐 자무시가 만든 〈이어 오브 더 호스〉도 닐 영의 콘서트를 중심으로 구성된 음악 다큐멘터리로, 특유의 까칠한 맛이 매력적인 작

품이었다. 둘 다 이른바 영화 촬영용 카메라가 아니라 소형 비디오카메라로 찍은 탓에 화질은 떨어지지만, 그만큼 음악의 숨결은 생생하게 재현되었다. 돈을 쏟아부어 만든 세련된 뮤직비디오는 요즘 얼마든지 있다. 때로는 진절머리가 날 지경이다. 하지만, 정말 근사하고 **효용이** 있는 영상은 되레 얻기 어려워진 것이 아닌지. 벤더스와 자무시의 '음악 영화'를 보고 그런 생각을 했습니다.

리스토란테의   밤

어느 특별한 밤에, 어느 특별한 여성과 아오야마의 어느 고급 이탈리안 레스토랑에서 저녁식사를 같이했다. 그래봐야 결국 아내와 결혼기념일을 축하한 것뿐이다. 뭐야아아, 시시하게. 시시하지 않나? 뭐, 그건 아무래도 좋다.
조용한 식당이었다. 테이블과 테이블은 서로 적당히 떨어져 있고, 다양한 와인리스트가 있으며, 정식 소믈리에도 등장한다. 새하얀 테이블보에 촛불. 음악은 없다. 편안한 고요와 두 사람의 대화가 백뮤직을 대신한다. 요리는 북이탈리아식이고 손이 많이 가는 정통 송아지 커틀릿이 나온다. 느낌을 대충 이해하실는지? 요컨대 좀 품잡는 리스토란테. 가격도 싼 편은 아니어서 그리 자주 갈 수 있는 식당은 아니다.
우리 테이블에서 조금 떨어진 자리에 젊은 남녀가 앉아 있었다. 아직 밤이 되기는 일렀고 손님은 우리와 그 사람들뿐이었다. 아마 남자는 이십대 후반, 여자는 이십대 중반쯤. 둘 다 인물도 괜찮고 도회적이면서도 깔끔한 옷차림에 굉장히 스마트한 분위기의 커플

이었다.

와인을 고르고 음식을 주문하고, 그것이 나오기를 기다리는 동안 나는 두 사람의 대화를 듣게 됐는데(들었다기보다 저절로 들려왔지만), 두 사람은 깊은 사이가 되기 직전인 듯한 눈치였다. 지극히 평범한 내용의 세상 돌아가는 이야기를 할 뿐이었지만 목소리 톤으로 대충 추측할 수 있었다. 나도 명색이 소설가인데 그 정도 남녀 심리쯤은 읽을 줄 안다.

남자는 '슬슬 꼬셔볼까' 생각하고 있고, 여자도 '그냥 넘어가줄까' 궁리중이다. 잘되면 식사 후 어딘가의 침대로 향하게 될지도 모른다. 테이블 한가운데에 페로몬을 머금은 안개가 자욱히 떠 있는 것이 보인다. 우리 테이블은 결혼한 지 삼십 년이나 되다보니, 아무래도 페로몬 같은 것은 떠돌지 않았다. 하여간 행복해 보이는 청춘남녀는 옆에서 보기만 해도 즐겁다.

그러나 그런 약속으로 장식된 아름다운 분위기도 프리모 피아토_{이탈리아의 코스요리에서 제1요리}가 나오자 운산무소雲散霧消, 문자 그대로 완전

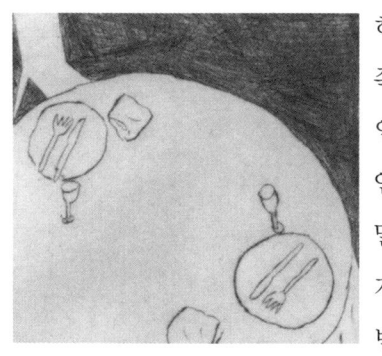히 사라지고 말았다. 왜냐하면 그쪽 남자가 '츠르릅 츠르릅!' 하고 엄청난 소리를 내며 파스타를 입 안으로 밀어넣었기 때문이다. 정말로 정말로 압도적인 소리였다. 계절이 바뀔 때 지옥의 문이 한 번 열렸다 닫히면서 나는 것 같은 소리. 그 소리에 나도 얼어붙었고, 내 아내도 얼어붙었고, 웨이터도, 소믈리에도 얼어붙었다. 맞은편에 앉은 여자도 완전히 얼어붙어 있었다. 모든 사람이 숨을 삼키고 모든 말을 잃었다. 그러나 당사자인 남자만은 무심하게 **츠르릅 츠르릅** 하고 너무도 행복하게 파스타를 먹었다.

그 커플은 그후 어떤 운명의 길을 걸었을까. 요즘도 문득문득 궁금하다.

불에 태우기

 일반적으로 소설가라는 사람들은 아주 이상한(쓸 데 없는) 일에 연연하는 인종이라 정의해도 좋을지 모른다. 때로는 '왜 또, 뭐 이런' 같은 반응을 부르는 일에 신경이 쓰여 미치려고 한다.
 예를 들어 1970년 무렵에 여성운동을 하던 사람들이 여성의 해방을 주장하며 그 메시지의 일환으로 브래지어를 태운 일이 있다. 제법 오래된 이야기지만, 아시는지? 다들 광장에 모여 기세등등하게 장작불을 피운 다음 거기에 브래지어를 죄다 던져넣었다. '이런 물건이 여성을 사회적으로 속박하는 것은 용서할 수 없다'라는 것이 그들의 주장으로, 신문기자들은 그 모습을 사진으로 담아 대대적으로 보도했다.
 그건 뭐 그것대로 좋다고 생각한다. 나는 남자여서 브래지어가 물리적으로 어느 정도 몸을 속박하는지 도통 알 수 없지만, 뜻이 있어 태워버리고 싶다면 태워버리면 될 것이다. 그걸 불평할 이유는 없다.
 내가 신경쓰였던 것은 브래지어가 새것이었는가, 아니면 어느 정

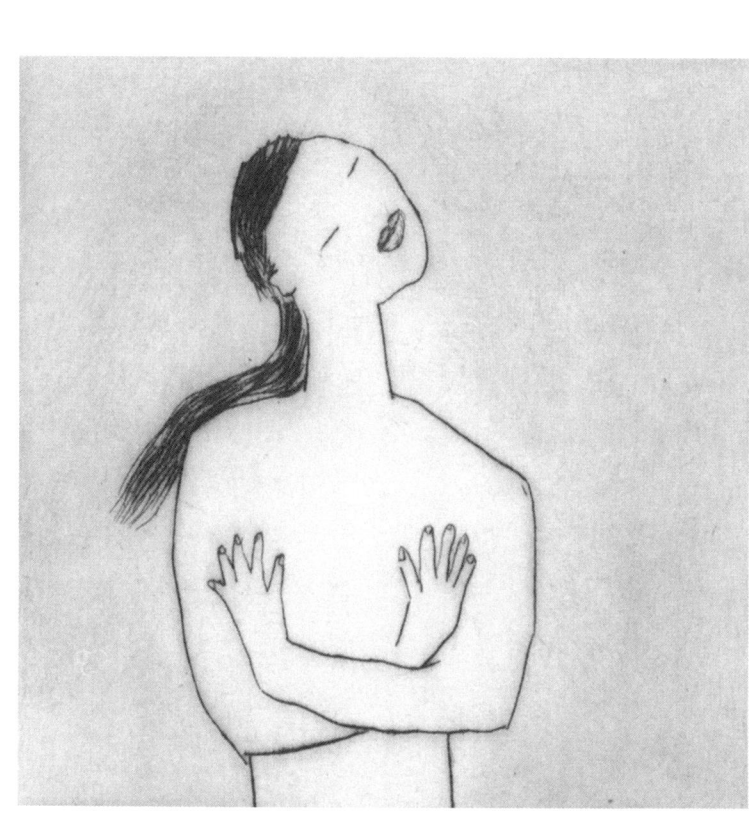

도 착용한 것이었는가 하는 점이었다. 그 문제를 생각하기 시작하니, 궁금해서 밤에 잠을 설칠 정도까지는 아니지만 물음표가 나의 등 어딘가에 옅은 그림자처럼 찰싹 달라붙었다. 그렇게 세세한 것까지는 신문에 일일이 보도되지 않기 때문에(그런 건 안 쓰겠지만), 좀처럼 진실을 알 수 없었다. 그러나, 아마 어느 정도 쓰던 것을 태우지 않았을까. 새것을 태우는 건 좀 아깝기도 하고. 여성들이 그런 낭비를 했을 것 같지 않다.

그런데 만약 그렇다면 불에 탄 브래지어가 가엾다. 브래지어는 브래지어 나름대로 그때까지 열심히 맡은 바 임무를 다하며 기특하게 (아마도) 살아왔을 텐데, 갑자기 옷장 서랍에서 끌어내어져 구원받을 가치도 없는 극악무도한 인간처럼 존재 의의를 부정당하고 무시당한 뒤에 만인이 지켜보는 앞에서 타오르는 불더미 속에 던져졌으니, 아무래도 이건 너무하다. 브래지어와 혈연관계 같은 것은 물론 없지만 나도 모르게 동정이 간다.

그리고 한 가지 더 이해되지 않는 것이 있는데, 왜 그들은 브래지

어만 태우고 거들은 태우지 않았을까? 브래지어가 속박하는 것이라면, 거들 역시 비슷할 정도로 (혹은 더 단단히) 속박하는 것이 아닌지. 그러나 거들은 태우지 않고, 하이힐도 마스카라도 태우지 않고 브래지어만 태웠다. 닥터 지바고가 운명의 어둑한 회랑을 거닐지 않으면 안 되었듯이, 아마 무슨 이유에서인가 역사적 굴곡의 상징이 되어 브래지어는 뜻밖의 비련에 휩쓸리게 된 것 같다. 불쌍하다. 어찌 되었든 나는 '무엇인가의 상징' 같은 것만은 되고 싶지 않다. 정말로.

뭐, 삼십 년 전에 태운 브래지어 따위를 이제 와서 새삼스레 고찰해봐야 소용없겠지만, 나도 모르게 또 그 생각을 하고 있다. 한가해서 그런가.

네코야마 씨는 어디로 가는가?

전에 어딘가에서 아주 어려운 일을 가리켜 '고양이에게 손!'을 가르치는 것만큼 어렵다'라고 썼더니, "아뇨, 우리 고양이는 '손!' 할 줄 압니다" 하는 메일이 상당히 많이 왔다. 맙소사, 놀라웠다. 어떤 사람은 먹이를 주면서 인내심을 갖고 가르치면 대부분의 고양이는 '손!'을 익히게 된다고 한다. 나는 지금까지 많은 고양이를 길렀다. 그러나 그런 훈련이 가능한 분위기도 절대 아니었고 무엇보다 고양이에게 '손!'을 가르친다는 생각 자체를 하지 못했다.

나의 경우, 고양이는 어디까지나 사이좋은 친구이며 어떤 의미에서는 대등한 파트너여서 재주를 가르치는 것은 상상만으로도 '좀 아닌데'라는 생각이다. 그래서 네코야마猫山 씨(이런 이름으로 의인화해서 부르고 있지만)가 좀더 늠름하게 살았으면 한다. 물론 손을 내밀 줄 아는 고양이가 나쁘다는 것이 아니라(그것은 그것대로 훌륭하다고 생각한다), 어디까지나 나에게 네코야마 씨란 자유롭고 쿨한 존재라는 것이다.

그리고 얌전하다고 할 때, '빌려온 고양이처럼'이라는 표현을 쓴

다. 일전에 한 청년에게 "이해가 안 돼서 그러는데요, 어째서 고양이를 빌려와야 하죠?" 하는 질문을 받은 적이 있다. 그러게, 어째서 굳이 고양이를 빌려와야만 할까? 힐링 같은 것과 관계가 있는 걸까? 아니, 틀렸다. 쥐를 퇴치하기 위해서다. 쥐를 잘 잡는 고양이가 있으면, "실례지만 댁의 고양이를 잠시 빌려주시지 않겠습니까" 하고 이웃이 부탁해온다. 옛날에는 집집마다 쥐가 많았던 탓에 고양이를 쥐잡이로 키웠던 것이다. 내가 어릴 적 우리 집에서 키우던 고양이는 이따금 쥐를 잡아 입에 물고 와서는 자랑스럽게 보여주곤 했다. 그러니까 고양이는 집 안에서 가치 있는 존재로 독자적인 위상을 확보하고 있었다. 즉 네코야마 씨는 전문 기술을 보유한 개인주의자이자 쿨한 프리랜서로, 그런 시절에 네코야마 씨에게 '손!' 같은 재주를 가르치는 것은 도저히 생각할 수 없었다. 해봐야 별 의미도 없고.

그러나 요즘은 적어도 도시의 집에서는 대부분 쥐가 사라졌다. 덕분에 네코야마 씨의 존재 의의도 달라졌고 일반적으로 그저 귀여

운 애완동물로 취급받게 되었다. 그 결과, 손 내미는 재주를 익히는 고양이도 늘어났을지 모른다. 한 해에 한 번 정도 열리는 전국 고양이 회의에서, "이 혹독한 시대에 살아남으려면 고양이들도 시스템의 재정비 및 과감한 의식의 전환이 필요하지 않겠나?" 같은 결의가 채택되어, 전국의 네코야마 씨들이 신사神社 정원의 한구석에서 팔짱을 끼고, "그래, 그래. 그럴지도 몰라" 하면서 다들 고개를 끄덕이고 있지 않을까.

하지만 아무리 그렇다 해도, "바보들, 뭐가 '손!'이야, 흥. 난 개가 아니라고. 웃기지 마!" 하고 당당하게 호통치는 네코야마 씨가 나는 역시 좋다. 전국의 네코야마 씨, 파이팅!

장어

친구에게 빌린 번쩍거리는 검은색 대형 메르세데스 벤츠를 몰고 주차장으로 들어가던 참에 오른쪽 사이드미러를 입구 기둥에 쾅 박고, '아, 큰일났다. 어쩌지!' 하면서 식은땀을 흘리며 눈을 뜨니 새벽 3시 42분이었다.

이 꿈은 대체 무슨 의미일까? 분명 오늘은 장어를 먹으라는 것이리라. 검은색 메르세데스 벤츠는 장어를 상징하고, 미러를 부딪친 것은 칼로리 높은 음식을 먹는 것에 대한 자책감으로 풀이할 수 있다―라는 것은 새빨간 거짓말로, 그저 오늘은 장어가 먹고 싶구나 하고, 뭐, 문득 그런 생각이 들었을 뿐이다. 꿈꾼 것은 사실이지만.

그나저나 장어, 정말 맛있죠. 무엇을 감추리, 나는 장어를 무척 좋아한다. 매일은 좀 그렇지만 두 달에 한 번 정도는 생각이 나서 '그래, 오늘은 장어를 먹자' 작정하고 먹으러 간다. 장어는 신기한 분위기를 가진 음식이다. '장어집에 가서 주문을 하고 맛있게 먹는' 일련의 과정을 거치는 것만으로 뭔가 하나의 생각이 완결된 듯한, 일종의 의식을 치르는 것 같은 느낌이다. 그렇게 어딘지 모르게

간단히 설명할 수 없는 점도 마음에 든다.

사실 내가 옛날부터 장어를 좋아했던 것은 아니다. 어릴 때는 왠지 징그러워서 식구들 모두가 먹어도 나는 먹지 않았다. 그런데 인생의 어느 순간부터 갑자기 장어가 좋아졌다. 언제 어떤 계기로 먹기 시작했는지 도저히 기억나지 않지만 하여간 먹어보니 맛있었다.

오래전에 나라奈良 지방을 여행하다가 작은 마을에서 오래된 장어집을 발견하고 들어간 적이 있다. 조용한 2층방으로 안내받아 장어를 주문했다. 낮 1시쯤이어서 나도 일행들도 몹시 배가 고팠다. 그런데 처음에 차만 한 잔 갖다줄 뿐, 아무리 기다려도 요리가 나오지 않았다. 한 시간 가까이 누웠다 앉았다를 반복하며 기다리다가 허기에 지쳐 어떻게 된 건지 상황을 묻기 위해 아래층으로 내려갔다. 하지만 어두컴컴하고 고요한 것이 인기척이라고는 없었다. 손님도 어쩐지 우리뿐인 것 같았다.

"실례합니다" 하고 기척하면서 복도를 걸어가니, 안쪽에 주방 같은 곳이 있었다. 들여다보니 옛날 폴란드 영화처럼 축축하고 어슴

푸레한 빛 가운데 허리가 꾸부정한 할머니가 혼자 굵은 꼬챙이 같은 것을 들고 등을 보이고 서 있었다. 그리고 내 눈앞에서 그것을 탕 하고 내리쳐 장어의 머리 뒤쪽을 찔렀다. 마치 오래된 꿈속의 광경 같았다.

나는 잠자코 2층으로 돌아와 계속 기다렸다. 한참 있으니, 여종업원이 "많이 기다리셨습니다" 하는 말과 함께 장어를 날라왔다. 빈말이 아니라 정말로 엄청나게 맛있는 장어였다. 장어란 참으로 특별한 음식이다. 진심으로 그렇게 생각한다.

로도스 섬 상공에서

사람은 누구나 아슬아슬한 한계까지 '죽음'에 가까워지는 순간이 있지 않을까. 물론 실제로 하마터면 죽을 뻔한 사례도 있겠지만, 그것과 달리 특별히 이렇다 할 이유도 관련성도 없이 갑자기 죽음 그 자체를 아주 가깝게 느끼는 경우 말이다.

우리는 평소 그다지 죽음에 대해 생각하지 않고 살아간다(그런 생각을 늘 하고 있다면 피곤하겠죠). 그러다 어느 순간, 문득 목덜미에서 죽음의 숨결을 느낀다. '그래, 우리는 점심으로 오야코돈_{닭고기계란덮밥}을 먹고 농담을 하고 웃지만, 사소한 변화로도 간단히 소멸해버릴 수 있는 덧없는 존재다'라는 걸 실감한다. 그와 동시에 주변 세계의 풍경이 일시적으로나마 그 모습을 완전히 달리한다.

나는 일전에 그리스에서 쌍발 프로펠러가 달린 비행기를 타고 가다가 그런 체험을 한 적이 있다. 오일드 사딘_{올리브유에 담가놓은 정어리} 통조림 같은 얇은 깡통 비행기였지만, 아주 단순한 구조인 만큼 사고는 적다고 했다. 정말인지 어떤지는 모르겠지만. 그러나 비행기가 로도스 공항에 가까워졌을 때 갑자기 양쪽 엔진이 딱 멈춰버렸

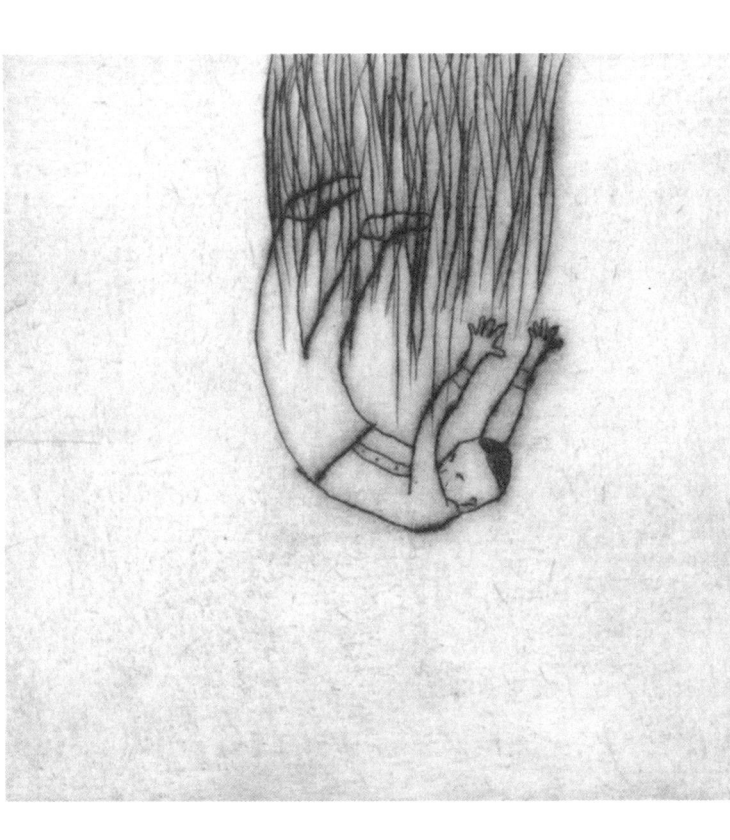

다. 이유는 모르겠다. 그러나 스튜어디스도 승객도 특별히 당황하지 않는 걸 보면 아마 비교적 자주 있는 일이었던 모양이다.

비행기 엔진이 멈추자 주위는 고요했다. 바람이 윙윙대는 소리만이 희미하게 들려왔다. 구름 한 점 없는 화창한 가을날 오후, 온 세상은 더할 나위 없이 깨끗해 보였다. 구불구불한 산 능선과 소나무 숲과 곳곳에 흩어진 하얀 집들이 눈 아래 펼쳐지고, 저멀리에는 에게 해가 반짝이고 있었다. 나는 그 위를 떠돌며 헤매고 있었다. 모든 것은 비현실적으로 아름답고 조용하며 아득히 멀리에 있었다. 지금까지 만사를 하나로 묶고 있던 띠 같은 것이 어떤 힘에 의해 풀려버리기라도 한 것 같았다.

나는 그때 이대로 죽는다 해도 이상하지 않겠구나 싶었다. 세계가 이미 다 흩어졌으니 앞으로는 나와 무관하게 흘러가겠구나 싶었다. 자신이 점점 투명해지다 끝내는 육체를 잃고 오감만이 남아 잔업 처리하듯이 세상을 마지막으로 보고 있는 것 같았다. 아주 신기하고 적막한 느낌이었다.

 그런데 이윽고 시동이 걸리고 사방이 다시 굉음으로 휩싸였다. 비행기는 공중을 크게 돌다가 활주로로 향했다. 나는 다시 한번 자신의 육체를 되찾은 한 사람의 여행자로서 로도스 섬에 내렸다. 그리고 계속 살아 있는 존재로서 레스토랑에서 생선을 먹고 와인을 마시고 호텔 침대에서 잠을 청했다. 그러나 그곳에 있었던 죽음의 감촉은 아직 내 안에 선명히 남아 있는 탓에 죽음을 떠올릴 때마다 언제나 그 작은 비행기 안에서 본 풍경이 머릿속에 되살아난다. 아니, 실제로 그때 나의 일부는 죽어버렸다고 생각할 때도 있다. 맑은 로도스 섬 상공에서, 아주 조용히.

당근

 옛날 노래의 가사들은 오래되다보니 무슨 뜻인지 알 수 없는 것들이 있다. 이를테면 동요 〈빨간 구두〉에서 '빨간 구두 신은 여자아이, 이—인異人을 따라가버렸다네'라는 소절이 있다.
 물론 '이인[이진]'은 'a stranger', 즉 외국인을 말하는 것인데 이 의미를 모르는 사람들이 의외로 많다. '이인'이라는 말이 이미 사어인 데다, 길게 늘여 발음하니 '이게 무슨 말이람'이 되어버려서, 뭐 어쩔 수 없다고 하면 어쩔 수 없는 일인데 요전에 인터넷상에서 '이인'의 의미를 물었더니 상당히 다양한 '오해'가 수집되었다.
 숫자로 보면, '좋은 아저씨[이이지이]를 따라' '증조할아버지[히이지이]를 따라'가 압도적으로 많았다. 그러나 증조할아버지쯤 되면 제법 고령일 텐데 여자아이 손을 잡고 항구를 걷는 것은 몹시 힘들지 않을까 하고 내 일처럼 걱정되었다. '좋은 아저씨'라면 이것은 해피엔드 같아 다행이지만, 그래도 인간이란 한 꺼풀 벗겨보지 않은 다음에야 모르기 때문에 하룻밤 지나고 나면 나쁜 아저씨로 변해서 "으흐흐, 널 잡아먹겠다"하는 무서운 이야기로 전개될지

도 모른다.

그중에 하나는 '지사[치지]님을 따라'라는 것도 있었다. 그때는 '어째서 지사가 여자아이를 데려가지? 이상하군' 싶었는데, 모 오사카 지사의 행적에 대해 듣고 나니, '그런가, 역시 지사님을 따라가버린 걸까?' 하고 꽤 진지하게 생각해보게 되었다. 그렇다고 도쿄 지사를 따라갔다고 한다면, 철저하게 도덕 교육을 받을 것 같아서 이것 역시 무섭다. 어쨌든 '이인'보다 '지사님' 쪽이 훨씬 동시대적이어서 현실감이 있었다.

그리고 '당근[닌진]'이라는 영문을 알 수 없는 해석도 있었다. 요코하마에서 당근을 따라가 대체 어쩌겠다는 건지. 당근으로 만들어버리면 어쩔 것인가(아, 썰렁해). 개인적으로 나는 '이지easy함에 따라가버렸다'는 것이 '즐거우면 그걸로 됐잖아'라는 듯, 찰나적이어서 상당히 마음에 들긴 하지만, 그렇게 해석한다면 동요답지 않을 것이다.

그러나 널리 알려진 노래 가사의 의미를 정확하게 이해하지 못

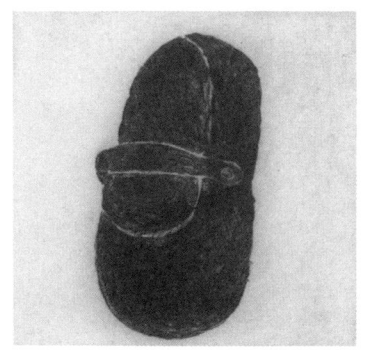
한다 해서, 혹은 잘못 해석하고 있다 해서 사는 데 별 지장은 없다. 오히려 '뭔지 잘 모르겠는걸' 하는 퍼지한 대목을 어느 정도 안고 있는 쪽도 나쁘지만은 않다. 그렇게 생각하지 않는지? 말의, 특히 귀로 들리는 음성적인 말의 모든 관계성과 의미가 커다란 형광등 아래처럼 구석구석까지 명확해져버리면, 그건 그것대로 뭔가 싱겁지 않을까. 인생에는 어느 정도 터무니없는 수수께끼가 필요하다. 나는 그렇게 생각한다. 당근, 이것도 괜찮죠?

가키피 문제, 뿌리가 깊다

세상에 영구운동은 존재하지 않는다. 이것이 물리학의 일반 상식이지만 반영구운동이랄까, '영구운동 같은 것'은 꽤 있다. 예를 들어 가키피를 먹는 것.

가키피는 아시죠? 톡 쏘는 매운맛의 감씨 모양 과자와 통통하고 고소한 땅콩이 섞여 있는 과자. 잘 배분하여 조화롭게 먹어야 하는데 말이죠. 누가 생각했는지 모르지만 정말이지 훌륭한 발상 아닌가. 쉽게 생각할 수 없는 조합이다. 그걸 착안한 사람에게 노벨평화상을 주고 싶다라고는 말하지 않겠지만(설령 말해도 들어주지 않겠지), 탁월한 아이디어라고 생각한다.

만담에 비유하자면 감씨가 '들이대는' 역에, 땅콩은 '받아주는' 역에 해당할 테지만, 땅콩이 그만의 통찰력과 인격을 바탕으로 그저 고개를 끄덕거리기만 하는 역할에 그치지 않는 점이 매력적이다. 감씨의 공격을 가볍게 받아서 날카롭게 되받아칠 때도 있다. 감씨는 그걸 알고서 제 역할을 의식적으로 과장해서 연출한다. 참으로 절묘한 콤비라 할까, **궁극의 하모니**다.

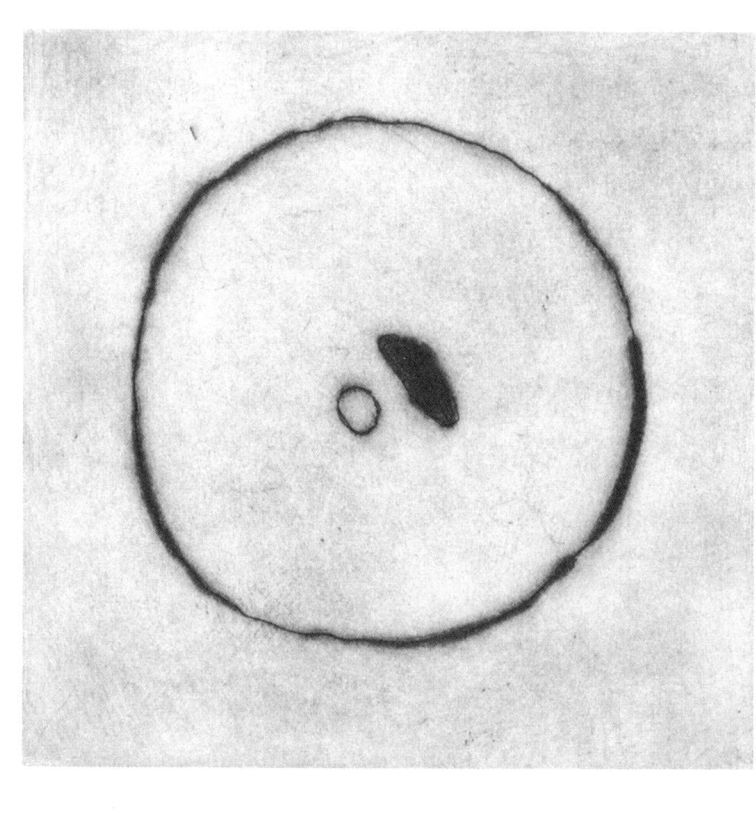

그래서, 변명하는 건 아니지만 맥주를 마시면서 가키피를 먹으면 멈출 수가 없다. 문득 정신을 차려보면 봉지가 비어 있다. 거기에 맞춰 (목이 마르니까) 맥주도 술술 넘어간다. 곤란하다. 이렇게 되면 다이어트고 뭐고 물거품이 된다.

그러나 이렇게 훌륭한 식품인 가키피에도 문제가 전혀 없는 것은 아니다. 그 하나는 '타인이 개입하면 감씨와 땅콩이 줄어드는 균형이 무너진다'는 것이다. 예를 들어 땅콩을 좋아하는 아내는 땅콩만 일방적으로 먹어버리기 때문에, 같이 먹다보면 결국 감씨만 남게 된다. 내가 투덜거리면, "당신은 어차피 콩류는 별로 좋아하지 않잖아요. 감씨가 많은 쪽이 더 좋죠?"라는 말이 돌아온다.

내가 땅콩보다 감씨를 더 선호하는 것은 사실이다. 기꺼이 인정한다(나는 대체로 냄새를 맡아보고 단 쪽보다 매운 쪽을 더 좋아한다).

하지만 가키피를 먹을 때면 나는 내 안에 내재된 욕망을 최대한 억눌러 감씨와 땅콩을 되도록 공평하게 다루려 애쓴다. 내 안에 '가키피 배분 시스템'을 반강제적으로 확립하여, 그 특별한 체계

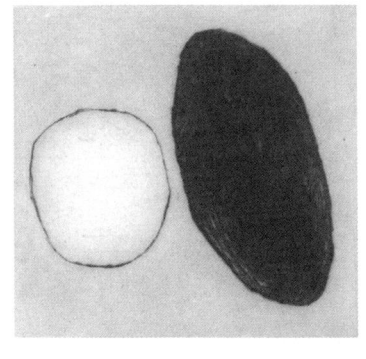(레짐) 속에서 삐뚤어지고 보잘것없는 개인적 기쁨을 발견하는 것이다. 세상에는 단 것과 매운 것이 있어서 양자는 서로 협력하며 살아가고 있다는 세계관을 새삼 확인한다. 하지만 그런 까다로운 정신노동을 다른 사람이 이해해 주길 바라는 것도 솔직히 말해 몹시 귀찮다. 그래서 "어휴 뭐, 그렇지만……" 하고 구시렁거리면서 주뼛주뼛 남겨진 감씨만 먹는다.

음, 일부일처제란 참 어렵군. 오늘도 가키피를 먹으면서 절실히 느꼈다.

뛰기 전에 보는 것도 나쁘지 않다

미국에 이블 크니블이라는 이름의 유명한 전문 스턴트맨이 있다. 이 사람은 평생 다양한 종류의 엉뚱한 모험에 도전했는데, 그중에서도 모터사이클을 타고 그랜드캐니언을 뛰어넘는 황당한 시도가 유명하다. 도움닫기를 하기 위해 활주 사면斜面을 만든 다음 그곳을 전속력으로 달려올라가 그대로 건너편 절벽까지 쓩 하고 호를 그리며 날았다. 이런 것은 보통(정상적인) 사람은 여간해서 불가능한 일이다. 아무리 폭이 좁은 곳이라 해도 그랜드캐니언은 정말 넓다.

이블 크니블 씨가 이 위업을 달성한 뒤에 한 말이 생각난다.

"점프하는 자체는 별로 어렵지 않습니다. 어려움은 착지를 하려는 순간부터 시작되죠."

과연 그렇군, 듣고 보니 확실히 그랬다. 기세 좋게 점프만 하는 것이라면 건강이 허락하는 한 누구든 할 수 있을 것이다. 그러나 착지를 잘못하면 살아 돌아오지 못한다. 당연한 말이지만 모터사이클로 그랜드캐니언을 실제로 뛰어넘은 사람에게 직접 들으니 '음, 철학이로군' 하고 마음 깊이 이해됐다.

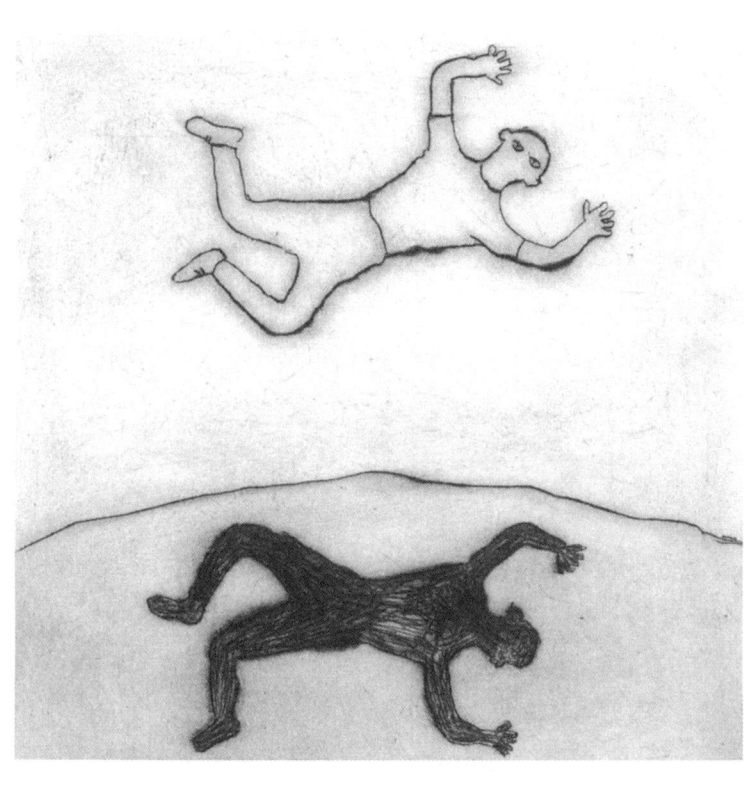

한편 정반대의 이야기가 될 텐데, 오에 겐자부로 씨의 옛날 작품 중에 《보기 전에 뛰어라》는 책이 있다. 젊은 시절 그 제목을 보았을 때, '그래, 보기 전에 뛰어야 하는구나' 하고 희한하게 몹시 공감했던 기억이 있다. 이것도 역시 하나의 철학일지 모른다. 1970년 전후의 어렵던 시대에는 그 '보기 전에 뛰어라'는 말은 하나의 유행어처럼 쓰이기도 했다. 이블 크니블 씨와 오에 겐자부로 씨가 무릎을 맞대고 점프에 대해서 대담을 나눈다면 정말 재미있을 텐데 아마 하지 않겠지.

나도 살면서 몇 가지 모험을 했던 만큼 이제와 새삼 돌아보면, '여기까지 잘도 살아서 왔군' 하고 스스로 감탄하게 된다. 물론 어느 것도 그랜드캐니언을 모터사이클로 건너뛰는 것 같은 화려한 점프는 아니었지만, 당시의 내게는 꽤 엄청난 모험이었다. 착지를 잘 생각한 후에 뛴 적도 있었고 경우에 따라서는 제대로 생각하지도 않고—생각할 만큼 머리가 따라주지 않았던 탓도 있다—'보기 전에' 뛰어버린 적도 있었다. 상처를 입은 적도 있었지만 다행히

치명상은 아니었던 덕분에, 세간에서 '작가'라 불리며 등 따습고 배부르게 지내면서 변변찮게나마 글을 쓰며 하루하루를 태평스럽게 보내고 있다.

다시 젊어져서 인생을 처음부터 새로 시작할 수 있다면, 다시 시작하겠습니까? 하는 질문을 받는다면, "아뇨, 됐습니다"라고 대답할 수밖에 없다. 그런 무서운 짓은 두 번 다시 하고 싶지 않다. 정말로, 농담이 아니라.

오블래디   오블라다

나는 1960년대에 십대였던 고로 비틀스의 데뷔부터 해산까지를 동시대에 체험했다. 그러나 그때는 그것을 대단찮게 여겼다. 〈예스터데이〉가 히트했을 때도 처음에는 '좋은 곡이네' 그랬지만, 다음 날도 그다음 날도 〈예스터데이〉만 나오자 결국에는 '젠장, 작작 좀 틀지'라고 생각했다. 지금도 〈예스터데이〉 전주가 들리면, '젠장, 작작 좀 틀지' 하는 생각이 조건반사같이 치밀어오른다. 미안하긴 하지만.

고등학교 때는 재즈와 클래식에 빠져 비틀스는 멀리한 편이었다. 어마어마하게 인기가 많다보니, '흥' 하고 콧방귀를 낀 것도 있다. 어쨌든 한창 건방진 시절이었던 터라 그런 돼먹잖은 태도를 취했다. 그러나 아무리 멀리해도 비틀스의 히트곡은 매일같이 라디오에서 흘러나왔기 때문에, 이러니저러니 구시렁거리면서도 비틀스 노래는 내게 60년대의 백뮤직 같은 것이 되어버렸다. 대단한 밴드이며, 대단한 곡들이었다고 지금은 솔직히 감탄한다. 왜 젊은 시절에는 좀더 솔직하지 못했을까? 구시렁구시렁.

한번은 볼일이 있어서 멀리 있는 어느 도시에 갔을 때, 친돈야 기이한 옷차림으로 악기를 연주하며 홍보나 광고를 하고 다니는 사람가 상점가를 걸어가는데 그 음악이 〈오블래디 오블라다〉였다. 여러 친돈야를 보았지만 비틀스를 연주하는 친돈야는 처음이어서 신기해하며 구경했다. 악기는 클라리넷과 큰북이라는 고전적인 편성이었지만. 그런데 그 음악을 듣는 동안 이상하게 머리가 근질거리는 느낌이었다. 뭔가 '뫼비우스의 띠' 같은 미로에 빠져들어 아무리 둘러봐도 출구가 발견되지 않을 때처럼. 이상한걸, 대체 뭐가 이상한 걸까 하고 생각하다가 퍼뜩 깨달았는데, 그 친돈야가 연주하는 〈오블래디 오블라다〉에는 후렴이 없었다. 요컨대 AABA라는 형식에서 B부분 없이, A만 되풀이해서 연주했던 것이다.

왜 그들은 후렴을 건너뛴 걸까? 연주가 기술적으로 어려웠던 걸까. 아니면 첫 부분을 단순하게 반복하는 것이 마술적인 효과를 발휘한다는 계산에서일까. 어쨌든 지금도 종종 그때의 '머리가 근질근질한 느낌'이 되살아나서 솔직히 짜증스러워질 때가 있다. 새로

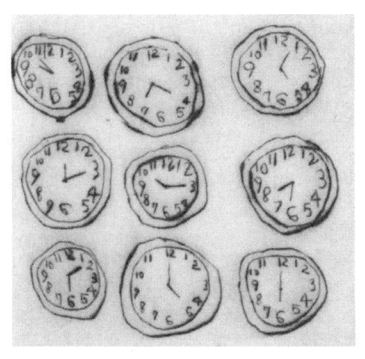
운 레퍼토리에 도전하는 것은 좋지만 기왕 할 거라면 후렴까지 제대로 해줬으면 좋겠다. 휴대전화의 착신 멜로디도 그렇지만, 후렴이 없는 음악은 **함께할 곳이 없어** 그런지 묘하게 지친다.

문득 생각났는데 세상에는 종종 '후렴이 없는 사람'도 있는 것 같다. 하는 말 한마디 한마디는 얼핏 옳아 보이지만, 전체적으로는 전개에 깊이가 없다고 할까, 미로 속으로 들어가 출구가 보이지 않는다고 할까……. 그런 사람과 만나 얘기를 나누면 여지없이 녹초가 되고 피로도 의외로 오래간다. 물론 이것 역시 비틀스한테는 직접적인 책임이 없는 얘기지만.

파스타나 삶아!

나는 이탈리아에서 살 때 운전면허를 땄다. 그래서 대담하게도 초보운전 시절을 로마에서 보내게 되었다. 그리하여—로마를 가본 사람은 아마 아시겠지만— 어지간하면 무섭지 않다. 로마 시내는 세계의 어느 대도시보다 운전자에게 스릴과 혼란과 흥분과 두통 그리고 굴곡진 큰 기쁨을 선사하기 때문이다. 정말이다. 의심나는 사람은 로마에 가서 렌터카를 빌려 직접 운전해보길.

이탈리아인 드라이버의 특징 가운데 하나는 뭔가 불만이 있으면 이내 창문을 열고 소리를 지르는 것이다. 동시에 손도 마구 휘두른다. 운전하면서 그러는 통에 옆에서 보고 있으면 꽤 공포스럽다. 한 이탈리아인 지인은 서툰 운전 솜씨로 탈탈거리며 가고 있는 아주머니와 맞닥뜨리자 얼른 추월한 다음 피아트 우노의 운전석 창문을 열고(그러기 위해서는 핸들을 빙글빙글 재빨리 돌려야 한다), "시뇰라, 운전 같은 거 하지 말고 집에서 파스타나 삶아!" 하고 소리쳤다. 서툰 운전자에게 관용을 베풀지 못하는 것도 이탈리아 운전자들의 또 하나의 특징이다.

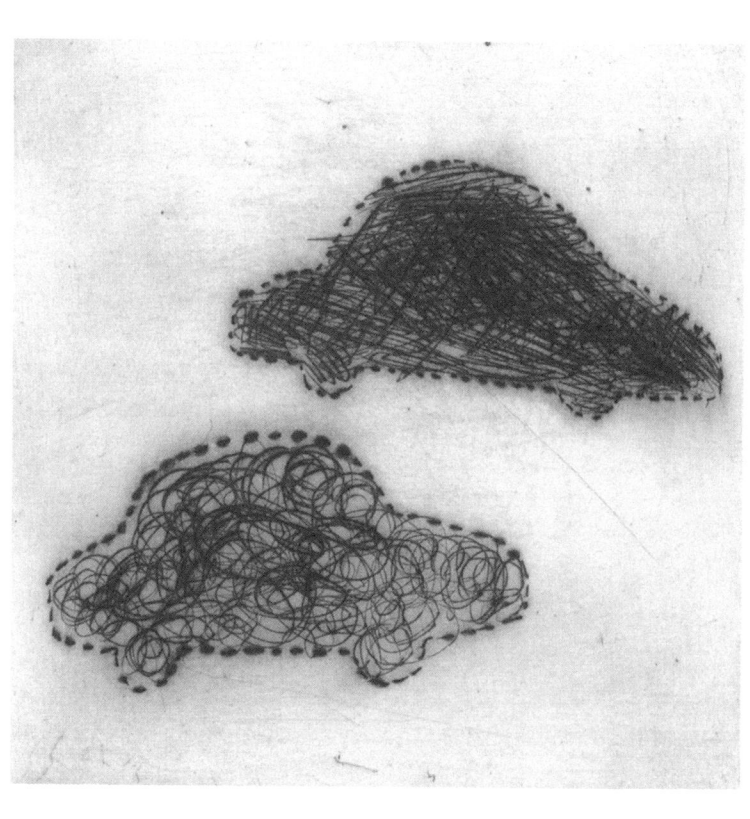

그러나 그때마다 나는 아주머니를 동정하지 않을 수 없었다. 아주머니는 어쩌면 생계를 위해 어쩔 수 없이 차를 운전하는지도 모른다. 그래서 집에 돌아가 주방에서 실제로 파스타를 삶으면서 아들 앞에서 눈물을 훔칠지도 모른다. "오늘 운전하는데 어떤 사람이 '시뇰라, 운전 같은 거 하지 말고 집에서 파스타나 삶아' 하고 엄마한테 소리질렀단다" 하면서. 가엾다. 일본이라면 "집에 가서 무나 삶아!"라고 하려나.

신기하게도 이탈리아의 파스타는 맛있다. "당연하잖아, 그게 어째서 신기해?"라고 반문할지도 모르지만, 왜냐하면 이탈리아의 이웃 나라들에서 먹는 파스타는 하나같이 맛이 없기 때문이다. 국경을 넘기만 하면 파스타가 갑자기 믿을 수 없을 정도로 맛이 없어진다. 국경이란 이상한 것이다. 그래서 이탈리아로 돌아오면 그때마다 '오, 이탈리아는 파스타가 맛있구나' 하고 새삼 절감한다. 생각건대, 그런 '새삼 절감하는' 한 가지 한 가지가 모여 우리 인생의

골격을 형성해가는 것 같다.

　도쿄에 있는 이탈리안 식당의 파스타도 꽤 수준은 높다. 다른 나라 음식인데 맛있게 잘도 만들었네, 하고 곧잘 감탄한다. 그러나 국경을 넘어 이탈리아로 돌아가 아무 식당에서나 "아, 맛있어" 하면서 먹었던 이탈리안 파스타의 '새삼 절감하는' 맛은 역시 찾을 수 없다. 음식이란 결국 '공기 포함인 것' 같다. 정말로 그렇게 생각한다.

사과의 마음

 존 어빙이 자신의 소설을 바탕으로 시나리오를 써서 아카데미 각본상을 받은 영화 〈사이더 하우스〉를 보러 갔다. 오오, 아주 잘 만들어서 진심으로 감탄했다. 원작은 너무 긴 데다 설교조가 많아 군데군데에서 좀 질렸는데, 영화는 설명 부분은 도려내어 상당히 좋은 분위기로 마무리되었다. 물론 어빙 소설의 가장 큰 매력은 뭐니뭐니 해도 그 길이와 끈질김이어서 그 점은 뭐 좀 그렇지만.

 그래도 스콧 피츠제럴드에서부터 포크너, 카포티, 챈들러 심지어는 레이먼드 카버까지 수많은 실력파 일류작가가 할리우드에 도전했지만, 아카데미 각본상을 수상한 것은 존 어빙이 처음이다. 아니, 영화와 관련해서 약간이라도 해피한 결과를 기록한 작가는 지금까지 거의 한 명도 없었다. 그런 징크스를 깬 것은 누가 뭐라 해도 칭찬할 만한 일이라고 생각한다. 잘했다.

 그런 이유로 〈사이더 하우스〉는 아주 재미있게 봤지만, 사실 나는 이 영화를 보는 동안 줄곧 '아, 사과가 먹고 싶다'는 생각만 하고 있었다. 아무래도 사과 과수원을 무대로 펼쳐지는 이야기다보

니, 영화 내내 먹음직스러운 사과가 잔뜩 나오는 바람에 일단 먹고 싶다는 생각이 들자 침이 고일 정도로 심각하게 먹고 싶었다. 그렇게 사과가 먹고 싶기는 오랜만이었다. 사과를 좋아하는 사람(나쁜 사람은 없을 것 같다)은 꼭 봐야 할 영화다.

　나는 대체로 냄새를 맡아보고 신맛이 나는 사과를 좋아한다. 그래서 일본에서는 홍옥을 잘 먹고, 보스턴에 살 때는 매킨토시만 먹었다. 매킨토시는 가장 싼 품종의 하나로 슈퍼에 가면 큰 비닐봉지에 담은 것을 고작 몇 달러에 살 수 있다. 그걸 사서 질리지도 않고 매일 먹었다. 껍질을 깎아 샐러리와 함께 샐러드를 만들어 먹었다. 그래서 보스턴 시절을 생각하면 조그맣고 짙은 주홍색의 매킨토시가 먼저 떠오른다.

　그래서 그런 것은 아니지만, 나는 줄곧 매킨토시 컴퓨터를 애용하고 있다. 매킨토시 사과는 McIntosh, 컴퓨터 '애플'은 Macintosh. 상표권 관계로 조금 철자가 다르다. 아침에 일어나 주방에서 사과를 하나 들고 서재로 간다. 사과 마크의 '애플' 스위치를 누른 다음

새벽빛 속에서 화면이 준비되기를 기다린다. 그동안 빨갛고 새콤한 사과를 우적우적 먹는다. 그리고 자, 오늘도 열심히 소설을 써야지 하고 생각한다. 오랫동안 그런 생활을 계속해왔다. 절대 윈도스를 미워하는 것은 아니지만 지금 상태로는 매킨토시를 갈아탈 생각이 없다. 왜냐하면 윈도스에는 사과 마크가 붙어 있지 않으니까.

긴피라 뮤직

저녁 무렵, 새로 나온 닐 영의 CD를 틀어놓고 혼자 주방에 섰다. 한 손에 식칼을 든 채 우엉 당근 긴피라우엉을 잘게 썰어 기름에 볶고 간장으로 조미한 것를 만들고 있었더니, 문득 주변 공기가 절절해지면서 가슴이 뜨거워졌다. 닐 영은 긴피라를 만들며 듣기에 정말 좋지 않은가?
'닐, 자네도 열심히 하게. 나도 이렇게 열심히 긴피라를 만들고 있으니.' 나는 진지하게 생각했다. 완성된 긴피라를 가져다주고 싶기까지 했다. 그러나 치즈 오믈렛을 만들면서 들었더라면, 어쩌면 그리 깊이 느끼지 못했을지도 모른다. 닐 영의 음악이란 기본적으로 그런 부분이 있기 때문에.

그런데 나는 옛날부터 미국의 비교적 심플한 록음악을 좋아한다. 요즘 즐겨 찾는 것은 REM, 레드 핫 칠리 페퍼스, 벡, 윌코. 그들의 신보가 나오면 만사 제쳐두고 레코드 가게에 간다. 셰릴 크로씨도 좋다. 복잡한 록은 역시 끌리지 않는다. '그러니까 결국 록이라는 거잖아, 구구절절 어려운 설명 따위 해도 소용없다니까' 라고 생각할 뿐이다.

나는 이런 음악은 대체로 차 안에서 듣는다. 소리를 크게 듣고 싶은데 집에서라면 "시끄러워!" 하는 항의가 들어오기 때문이다. 혼자 운전할 때는 아무도 신경쓰지 않고 볼륨을 높일 수 있어 좋다. 이런 것, 정말 기분 좋지 않은지. 특히 내 차는 지붕이 없어서 날씨 좋은 오후에 레드 핫 칠리 페퍼스를 신나게 틀어놓고 근처를 한 바퀴 돌면 머리가 맑아지면서 기분이 상쾌해진다. 에릭 버든과 애니멀스의 오래된 곡으로 〈스카이 파일럿〉이란 게 있는데, 이 노래를 오토리버스로 틀어놓고 핸들을 잡고 있으면 묘하게 기분이 고조된다. 마치 다른 차원의 세계에 가버릴 것 같은 느낌이다. 흥미 있는 분은 시험해보시길(안전벨트는 잊지 않기로).

음악은 시추에이션이라는 것이 참으로 중요해서, 주방에서 아내가 혼자 긴피라를 만들 때의 백뮤직으로는 레드 핫 칠리 페퍼스가 어울리지 않는다. 〈스카이 파일럿〉도 어울리지 않는다. 이때는 뭐니 뭐니 해도 닐 영이다. 딱 어울리는 음악이 깔리면 작업도 순조롭고 노동 의욕도 솟아오른다. 그러나 이런 말을 해서 무엇인가를 할

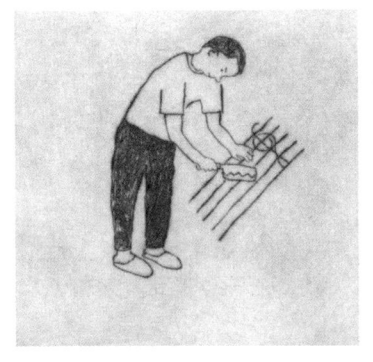
때마다 백뮤직을 골라야 한다면 그건 그것대로 힘들지도. '오늘은 양배추롤을 만들 텐데, 자, 음악은 뭘로 할까' 하고 생각하다가 시간이 다 지나버릴 것 같다.

　어디까지나 개인적인 의견을 말하자면, 양배추롤을 만들 때는 한때 프린스였던 아티스트가 좋을 듯하다. 에릭 클랩튼은 버섯 우동을 만들 때 제격이고, 돈가스는 마빈 게이가 그만일 것 같다. 근거가 무어냐고 물으시면 몹시 난감하지만, 그렇게 생각하지 않습니까? 생각하지 않습니다. 그렇습니까.

　(무라카미 주: 이 원고는 아마데우스 현악4중주단의 〈모차르트 초기 현악4중주곡집〉을 들으면서 썼다.)

고양이의 자살

　마르탱 모네스티에라는 프랑스 저널리스트가 쓴 《자살백과》는 아주 흥미로운 책이다. 동서고금의 자살에 관한 막대한 정보를 집대성한 것으로, 읽으면서 감탄도 하고, 한숨을 쉬기도 하고, 깊은 생각에 빠지기도 했는데, 그중 한 챕터는 각종 동물의 자살에 관한 내용이었다. 그렇다, 인간뿐만 아니라 동물도 자살을 하는 것 같다.
　로마의 프랑스학교 교장이 키우던 수고양이는 프랑스대사가 기르는 암고양이에게 구애했다가 단호히 거절당하자, 파르네제 저택의 발코니에서 몸을 던졌다. 세상을 비관했는지 어쨌는지는 모르겠지만 현장을 목격한 사람의 이야기로는 "아무리 봐도 자살로밖에 생각할 수 없다"고 했다. 이것은 어디까지나 내 상상에 지나지 않지만, 프랑스대사가 기르던 암고양이 카트린(가명)은 분명 대단한 미묘였을 것이고 자존심도 아주 셌을 것이다. 목줄은 프라다 정도만. 그래서 이웃 수고양이 타마(가명)는 과감히 그녀에게 사랑을 고백했지만, "뭐? 네가 감히 나를 사랑한다고? 바보 아냐. 네 주제를 알아야지, 네 주제를. 백만 년이 지나도 너 따위와 함께 할 일은

없을 거야. 흥"하고 카트린이 차갑게 거절하자, 실망해서 돌아왔겠지. 인간 세계에서는 흔히 있는 이야기다.

그런가 하면 바다에 투신자살한 고양이도 있다. 어떤 어부가 기르던 수고양이는 나이도 먹었고 다리를 다쳐서 그런지 점점 완고한 성격으로 변해갔다. 어느 날, 수고양이는 낳은 지 얼마 안 되는 새끼 고양이를 자신의 주인인 어부에게 '이 아이를 잘 부탁합니다' 하는 식으로 맡기더니 결연하게 바다로 달려가서 그대로 파도 속으로 들어가버렸다. 그 고양이를—'약간 기묘한 성격의 고양이였지만'이라고 책에는 쓰여 있다— 깊이 사랑했던 어부는 깜짝 놀라 녀석을 뒤쫓아 바다로 뛰어들어 죽을 힘을 다해 구했다. 그러고는 고양이의 젖은 몸을 닦아 볕이 따스한 곳에 눕혀 재웠다. 그러나 고양이는 어부가 잠깐 곁을 떠난 사이에 다시 같은 방법으로 자살을 시도했고 두번째는 그 목적을 달성했다고 한다. 어지간히 결심이 단단했던 모양이다.

이 고양이들이 정말로 명확하게 '그래, 자살해버리자' 하고 결심

한 끝에 스스로 죽음을 선택한 것인지 한마디로 결론내리기는 어렵다. 그러나 그 고양이들이 그 시점에서 어느 정도 '살아갈 의욕을 상실했다'는 것은 틀림없는 것 같다. 고양이의 삶에도 나름대로 여러 가지 사정이 있을 터이고, '아, 사는 게 귀찮아. 이제 더는 아등바등하고 싶지 않아' 하는 정도는 막연하게나마 생각하지 않을까 추측해본다. 그 결과 자포자기해서 머릿속이 하얗게 되어, 앞뒤 재지 않고 난간을 훌쩍 뛰어넘어버리는 일도 생기는 것이겠죠.

그러니 댁의 고양이에게도 관심을 기울여주세요.

스키야키가 좋아

 스키야키를 좋아하는지? 나는 상당히 좋아한다. 어릴 적에 "오늘 저녁은 스키야키다"라는 말을 들으면 얼마나 기뻤던지.
 그러나 어찌 된 연유인지 인생의 어느 시점 이후로(어느 시점일까?) 주위에서 스키야키를 좋아하는 사람을 한 사람도 찾을 수 없게 되어버렸다. 그 누구에게 질문해도, "스키야키? 으음, 그렇게 좋아하진 않는데요" 하는 냉담한 대답이 되돌아온다. 아내도 "스키야키 같은 건 오 년에 한 번 먹으면 그걸로 충분하지 않아요?" 하는 사람이다. 따라서 결혼해서 제대로 스키야키를 먹어본 기억이 없다. 오 년에 한 번이라면 올림픽보다도 적은 횟수이지 않은가. 누구, 나랑 스키야키 먹지 않을래요? 나는 곤약과 두부와 양파를 좋아하니 고기 위주로 먹어줄 사람이라면 무척 기쁘겠다. 아니, 정말로.
 그런데 아시다시피 사카모토 규의 〈위를 보고 걷자〉란 노래가 미국에서는 〈스키야키〉란 제목으로 발매되었다. 1963년의 일이었는데, 그때는 "말도 안 되는 제목을 붙였군" 하고 어이없어했다. 하

지만 삼 주 연속 빌보드 1위를 하는 압도적인 히트를 기록하면서, 이 곡은 '스키야키 송'으로 세상에 알려지게 되었다.

  미국에서 올디스 전문 FM 방송국에 다이얼을 맞추면 요즘도 가끔 이 곡이 나온다. 차로 미국대륙을 횡단하다가 미네소타의 넓디 넓은 평원의 한가운데에서 '스키야키 송'이 들려왔을 때에는 가슴이 다 뭉클했다. 좋은 곡이죠. '스키야키 송'을 일본 국가까지는 아니더라도, 준국가로 삼으면 좋겠다고 옛날부터 주장하고 있는데, 어떨까요?

  어째서 〈위를 보고 걷자〉가 〈스키야키〉가 됐는지 이전부터 궁금했는데, 요전에 어느 책을 읽다가 그 의문이 눈 녹듯 풀렸다. 케니 볼 악단이라는 영국의 딕시랜드 재즈밴드가 이 곡을 처음 녹음할 때, '위를 보고 걷자[우에오 무이테 아루코]'라는 제목이 어려워 다들 외우지 못하자, 스튜디오에서 누가 "번거로운데 그냥 '스키야키'라고 하자"라고 해서 그것이 그대로 타이틀이 되어버렸다는 것이다. 미국에서 사카모토 규의 오리지널 앨범이 발매되었을 때

도 그 타이틀을 썼다. 매끄러운 제목은 아니지만 그건 그것대로 좋았을지도. 외우기도 쉽고 친근한 맛도 있고 게다가 나는 스키야키를 좋아하니 '그걸로 됐잖아' 하고 바로 수긍했다.

그런데 그 〈스키야키〉가 히트한 뒤에 스즈키 쇼지의 〈플라타너스 길〉이 〈스시〉라는 타이틀로 미국에서 발매된 것을 아시는지? 유감스럽게 이것은 그다지 히트하지 못했다. 〈덴푸라〉〈사시미〉 등 여러 가지가 계속해서 히트했더라면 재미있었을 텐데 말이다. 라디오를 듣는 동안 허기지기도 하고. 이렇게 쓰다보니 스키야키가 너무 먹고 싶다.

김밥과   야구장

나는 대학 신입생이 되어 열여덟 살 때 도쿄에 온 이래, 지금까지 줄곧 야쿠르트 스왈로스 팬이다. 당시는 산케이 아톰스라는 이름이었는데 터무니없이 약한 팀이었다. 언제나 꼴찌이거나 기껏해야 4, 5위였다. 어째서 이렇게 약팀을 응원하게 되었는가 하면 요컨대 진구 구장 때문이다. 구장도 좋았고 주변 분위기도 좋았다. 그래서 결과적으로 (현) 스왈로스를 응원하게 되었다. 물론 안티 자이언츠였기 때문이기도 하지만, 그렇다 해도 너무나 한심한 시합이 많아서 외야석 잔디 위에서 종종 눈물을 훔치기도 했다.

요전에 의학책을 읽다가, '응원하는 스포츠팀이 이기면 건강을 활성화하는 어떤 분비물이 체내에서 더 많이 분비된다'라는 내용을 보고 아연했다. 요컨대 지난 삼십이 년간 통산승률을 참고해볼 때 나는 야쿠르트보다는 자이언츠 팬이었던 편이 훨씬 더 충실한 인생을 보낼 수 있었다는 얘기가 된다. 너무하다. 이제 와서 그런 말을 하면 곤란하지. 어이, 내 인생을 돌려줘, 내 소중한 분비물을 돌려줘 하고 크게 외치고 싶어진다.

옛날 아오야마에, 진구 구장에 가기 전에 들르던 초밥집이 있었다. 그 가게에서 도시락으로 특제 김밥을 사갔다. 저녁 6시 전이어서 손님도 별로 없고, 주인도 가게에 나와 있지 않았다. 카운터석에 앉아 흰살생선회를 안주 삼아 맥주를 마시면서 안면을 튼 젊은 주방장이 굵은 김밥 마는 것을 바라보았다. 그리 멀지 않은 곳에서 머잖아 야구시합이 시작된다. 이런 것이 인생의 소확행(소소하지만 확실한 행복)이라고 할까.

아내는 야구를 보러 가지 않기 때문에 이따금 다른 여자와 함께 구장에 갔다.

"오늘은 (드물게) 데이트시군요" 하고 주방장이 말을 걸어오면, "그러게요" 하고 대답했다. 우리는 외야석에 앉아 여름 저녁녘의 바람을 맞으며 종이컵에 생맥주를 마시고, 방금 만든 김밥을 나눠 먹었다. 그 무렵에는 아직, "야구? 응, 좋아. 보러 갈까" 하고 가볍게 응해주는 싱글 여성들이 주변에 좀 있었지만, 최근에는 그런 일도 없어졌다. 모두 결혼해서 아이를 낳고, 야구 따위 구경할 정신

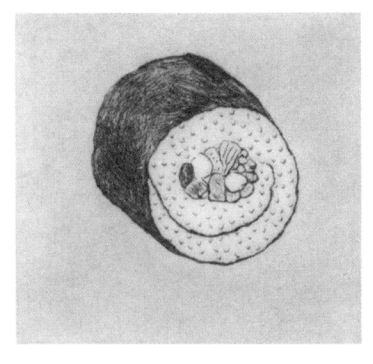 도 없이 하루하루를 바쁘게 보내는 것 같다. 내가 외국에서 오래 생활하는 동안 야쿠르트 선수들도 거의 세대교체가 되어버렸다. 인생은 남의 사정과는 상관없이 멋대로 흘러간다. 늘 김밥을 만들어주던 젊은 주방장도 벌써 옛날에 독립해서 어딘가 멀리로 이사가버렸고, 나도 언젠가부터 그 초밥집에 가지 않게 되었다.

하지만 굵게 만 김밥이란 정말 참 훌륭하다. 여러 가지 재료들이 모두 한 이불을 덮고 있는 것 같아 보기만 해도 기분이 좋아진다. 그런데 대부분의 여자들은 김밥 양끝의 내용물이 다 튀어나온 부분을 좋아하는 것 같은데, 어째서일까?

삼 십 년 전에 일어난 일

이사를 하고 서재 같은 것이 생겨 상자째 창고에 처박아뒀던 오래된 잡지 더미를 겨우 가까이에 둘 수 있게 되었다. 이렇게 무겁고 덩치 큰 것을 언제까지 갖고 있을 수는 없으니 적당한 시기에 처분해야지 생각하면서도 오늘날까지 버리지 못하고 갖고 있었던 것이다. 1970년 전후의 〈헤이본 펀치〉〈영화평론〉〈태양〉〈일본판 롤링스톤〉〈다카라지마〉 같은 잡지들. 〈헤이본 펀치〉는 오하시 아유미 씨가 컬러풀한 표지를 그릴 무렵의 것이고, 〈앙앙〉도 창간호부터 몇 년 치를 모아온 것인데, 일 년쯤 전에 우리 집 수고양이가 히스테리를 부리며 오줌을 싸지르는 바람에 많이 못쓰게 되었다. 안타까운 일이다. 고양이 오줌이란 정말 고약하다(가끔 히스테리를 부리는 여자들도 있지만, 책에 오줌을 싸지는 않는다).

이야, 오랜만이네 하면서 오래된 〈헤이본 펀치〉를 들어 페이지를 넘기니, 존 레넌이 인터뷰에서 마구 분노를 터뜨렸다는 기사가 있었다. 비틀스는 이미 해산했지만 레넌은 아직 건강하게 살아있을 때였다. 왜 그렇게 화를 냈는가 하면 "우리(비틀스) 네 명은 지금까

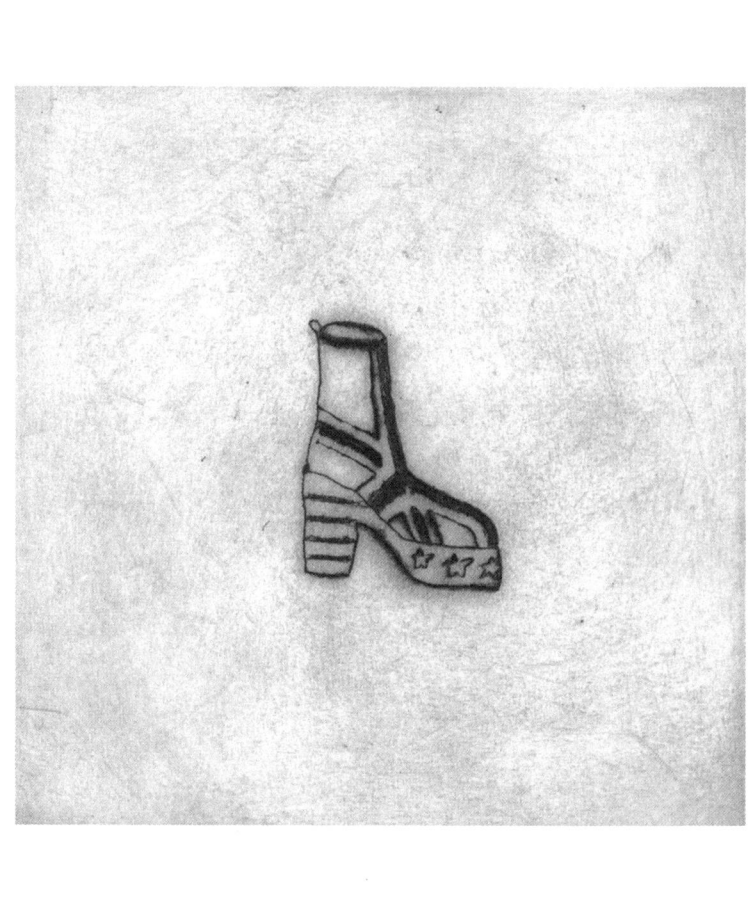

지 전부를 공유해왔다. 그런데 녀석들 셋 모두 요코에게만은 한 번도 손을 대지 않았다. 그건 심한 굴욕이지 않은가? 그래서 나는 지금 몹시 화가 나 있다"라는 것이었다. 그런가, 60년대는 그런 시절이었나. 세상에는 화를 내는 이유도 참 다양하다.

팬티스타킹이 등장한 것도 이 무렵의 일로, 덕분에 백화점 속옷 매장에서 팬티가 별로 팔리지 않는다는 기사도 있었다. 팬티를 입지 않고 팬티스타킹을 바로 신는 여자들이 늘어난 탓이라는 것. 흐음, 세상에는 별 우여곡절이 다 있다.

요시모토 다카아키 씨 특집도 있었다. 당시의 〈헤이본 펀치〉는 꽤 강경한 성향도 있었다보니 정치적인 기사도 많았다. 요시모토 씨는 그 무렵 날카로운 사상가로서 젊은이들 사이에 카리스마적인 인기가 있었다(지금도 그렇다고 생각합니다만). 제목은 〈요시모토 다카아키, 은밀한 사생활의 전모〉였다. 기사에 따르면 요시모토 씨네 집에서 먹는 쌀은 자주유통미自主流通米라고 한다. "그게 은밀한 사생활이냐?" 따지고 싶지만, 굳이 이웃의 쌀집까지 취재해서 얻은

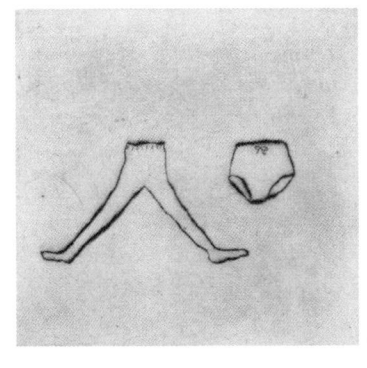
정보라니까 그 노력은 인정해주는 걸로. 그 일 년 전에 에토 준 씨가 요시모토 씨를 긴자의 고급클럽에 초대했다는 일화도 소개하고 있었다. 동석한 사람의 이야기가 있었는데, "요시모토 씨는 호스티스들의 실연담을 들어주고, 연애란 이런 거다, 하는 얘기를 했죠"가 전부다. 흐음.

 이런 식으로 옛날 잡지를 읽기 시작하니, 시간이 어찌나 잘 가는지 이삿짐 정리는 좀처럼 끝나지 않았다. 큰일났다. 하지만 멈출 수가 없는걸요.

세상은 중고 레코드 가게

내 취미는 오래된 LP판 컬렉션. 커버 가능한 분야는 주로 재즈로, 전세계 어디를 가든 틈만 나면 중고 레코드 가게를 찾는다. 요전에도 스톡홀름에 사흘 동안 머물면서 내내 레코드 가게에 틀어박혀 지냈다. 아내는 그 사흘을 앤티크 그릇 가게에 틀어박혀 지내는(그것이 아내의 취미이다) 바람에, 덕분에 둘이서 사모은 레코드와 그릇의 무게로 돌아오는 길에 죽을 뻔했다. 스톡홀름까지 가서 시내 관광은 하나도 하지 못했다니. 참 희한한 부부다.

좋은 중고 레코드 가게를 찾아내는 가장 효율적인 방법은 무조건 그 지방 사람에게 물어보는 것이다. 나는 "어디 중고 레코드 가게 없습니까?" 하고 물으면서 돌아다닌다. 시내지도를 준비해서 대답을 들을 때마다 지도에 표시해둔다. 이국의 지하철을 갈아타고 버스를 갈아타면서 무거운 짐을 이고 지고 먼 거리를 걷는다. 루트를 설정해서 하루에 몇 집씩 돌아다니는 것이다. 렌터카를 빌릴 때도 있다. 가보면 쉬는 날이거나 헤비메탈 전문점일 때도 있지만, 그래도 전혀 실망하지 않는다. 이런 일에는 어지간히도 부지런하

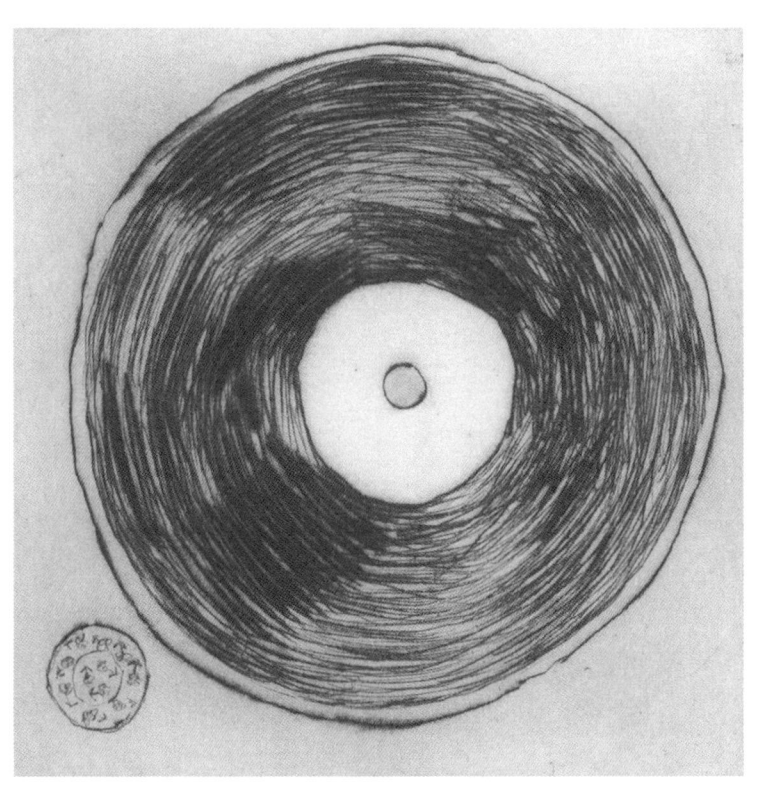

지, 하고 스스로도 감탄한다. 그런 에너지를 어째서 좀더 유익한 데 쏟지 못하는 걸까.

나도 꽤 별나지만, 중고 레코드 가게 주인들도 만만찮게 별난 사람들이 많다. 스톡홀름의 한 레코드 가게 아저씨는 대머리에 약간 고집스럽게 생긴 얼굴로, 처음 갔을 때는 몹시 무뚝뚝했다. 그러나 내리 사흘을 찾아가자(그만큼 많은 레코드가 있었다) 역시 놀랐는지, "어이, 좀더 좋은 거 보여줄까?" 하고 말을 꺼냈다. 내가 "물론 보고 싶죠"라고 반응하자 안쪽의 창고 같은 방으로 나를 데려갔다. 그곳에도 바깥에 진열된 것과 비슷할 정도의 많은 레코드가 있었다(웃음).

간이침대와 커피를 해결할 수 있을 정도의 싱크대도 붙어 있었다. 아마도 그곳에서 혼자 먹고 자고 하면서 밤낮없이 레코드를 정리하고 음반 상태를 확인하고 가격을 매기는 것 같았다. 정리하기 전의 레코드들도 잔뜩 쌓여 있었다. 선반에는 내놓기 아까운 소장용 물건들이 있었다. 아티스트별로 정리한 다음 특별히 애정을 담아 소중히 관리하는 듯했다. 도대체 이 아저씨는 어떤 인생을 살았

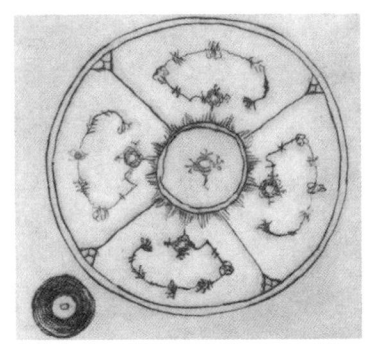

을까 생각하니 쓸쓸해졌지만, 나도 그리 남에게 이러니저러니 말할 처지가 아니다보니, 그저 감사해하며 그 창고에서 꼬박 하루동안 실컷 레코드를 구경했다. 즐거웠다. 생각해보면 여기저기 관광하는 것보다 중고 레코드 가게의 창고에서 하루를 보내는 편이 더 '여행했다'는 느낌일지도 모르겠다. 셰익스피어는 '세상은 무대다'라고 간파했지만, 무라카미는 단언하고 싶다. 세상은 중고 레코드 가게이기도 하다, 라고. 오랜 세월에 걸쳐 중고 레코드 가게들을 찾아다니다보니, 재킷을 만져보고 냄새를 맡아보는 것만으로도 어느 시기에 발매된 것인지 대충 안다. 무게와 종이 감촉만으로도 '이건 오리지널이군' '이건 재발매로군' 하고 순식간에 구분한다. 거듭 말하지만, 이만한 열의를 좀 더 유익한 데 썼더라면 말이죠…….

코트 속의 강아지

　물론 세상에는 여러 가지 불쾌한 일, 마음에 들지 않는 일들이 있 겠지만, 나는 얼굴사진을 찍히는 일만큼 싫은 게 없다. 옛날부터 사진 속의 내 얼굴은 도저히 좋아지지가 않았다(사진이 아니라 실물도 별로 좋아하지 않지만, 특히 더 그렇다는 뜻이다). 그래서 얼굴 촬영을 요구하는 일은 되도록 거절하지만, 폴 매카트니가 노래했듯이 그래도 인생이란 길고 구불구불한 길이다보니 거절할 수 없는 경우도 생기게 마련이다.
　어째서 사진에 찍힌 내 얼굴을 좋아하지 않는가 하면, 나는 카메라를 향하는 순간 거의 반사적으로 표정이 굳어버리기 때문이다. 카메라맨이 "예, 힘을 빼고 웃어주세요"라고 하면, 나는 긴장해서 어깨에 힘이 더 들어가는 데다 웃는다는 것이 사후경직 예행연습같이 되어버린다.
　트루먼 카포티가 작가로 데뷔했을 때, 책 뒤표지에 썼던 얼굴 사진이 굉장히(병적일 만큼) 아름다워서 그것이 세상의 시선을 주목시켰다. 누군가가 "카포티 씨, 얼굴 사진을 아름답게 찍는 비법이

뭔가요?"라고 질문하자, 그는 이렇게 대답했다. "그건 간단해요. 당신의 머릿속을 아름다운 것으로 가득 채우면 돼요. 아름다운 것만 생각하는 거죠. 그러면 누구라도 아름다운 얼굴이 찍혀요." 그러나 그렇게 간단한 게 아닌 것 같다. 실제로 시도해봤지만 전혀 잘되지 않았다. 아마 카포티 씨 쪽이 특별한 케이스인 것 같다.

다만 그런 나도 동물과 함께 찍으면 이상하리만치 표정이 편해진다. 고양이든 개든 토끼든 뭐든 좋은데, 손 닿는 거리에 동물이 있으면 나는 비교적 자연스럽게 웃는다. 그 사실을 요전에야 겨우 깨달았다. 한 인간이 동물이 있고 없는 데 따라서 그렇게 얼굴 표정이 달라지다니.

이제 와서 새삼스레 미남이 되고 싶다고 생각하진 않지만(생각한다고 어떻게 될 것도 아니고), 항상 옆에 작은 동물이 있을 때처럼 온화한 표정으로 즐겁게 세월을 보낼 수 있다면 좋겠다, 라고는 생각한다. 기시다 교코 씨가 부른 동요 중에 〈강아지는 어째서 따뜻할까〉라는 노래가 있다. 나는 이 노래가 좋다. 가사는 기시다 에리

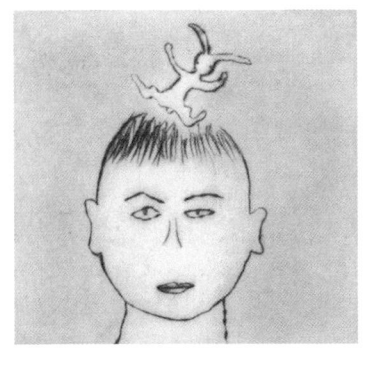

코 씨가 썼다.

　강아지는 어째서 어째서 강아지는 부드러울까?
　강아지를 코트 속에 품고 걸어볼까요.
　강아지 강아지 꼬맹이 어째서 강아지는 부드러울까?

　그러게, 언제나 코트 속에 강아지를 품고 있는 것처럼 따뜻한 기분으로 하루하루를 보낼 수 있으면 좋으련만. 실제로 코트 속에 강아지를 넣고 생활하기란 꽤 어려울 것 같지만.

버지니아 울프는 무서웠다

 샐리 켈러만이란 여배우를 아시는지? 로버트 올트먼 감독의 코미디 영화 〈M★A★S★H〉에서 새침한 척 폼을 잡지만, 사실은 야한 것을 아주 좋아하는 미녀 간호사 호트립스 역으로 나왔다. 맛깔나는 개성적인 여배우였는데 최근에는 거의 보지 못했다.

 보스턴에 있을 때 그녀가 주인공으로 열연한 연극 〈누가 버지니아 울프를 두려워하랴〉가 공연중이어서 반가워하며 혼자서 보러 갔다. 미국의 경우, 배우가 영화에 별로 안 나와서 어떻게 지내나 싶으면, 연극무대에서 주로 활동하는 일이 흔히 있다.

 전체적으로 대사가 홍수를 이루는 이 연극은 서로 거칠게 소리지르는 장면도 많은 탓에 대사를 알아듣기가 쉽지 않다. 그러나 그 옛날 엘리자베스 테일러 주연의 영화로도 보았고 올비의 희곡도 영어로 읽었던 터라 대충은 이해할 수 있었다. 장소는 더 베이스팅 푸딩이라는 아담한 극장으로 하버드 대학 부설이었다. 나는 앞에서 열번째 줄 한가운데 좌석에 앉아 연극이 시작되기를 기다렸다. 관객석은 거의 만석이었다.

이윽고 연극이 시작되었는데 무대에 신경을 집중할 수가 없었다. 의자에 맡긴 몸을 안절부절 어쩔 줄 몰랐다. 왜냐하면 켈러만이 정면을 향할 때마다 내 눈을 들여다보는 듯했기 때문이다— 아주 진하게. 처음에는 착각일 거라고 신경쓰지 말자고 애써 무시했는데, 시간이 흐를수록 그것은 점점 확신으로 바뀌어갔다. 객석을 향해 대사를 읊을 때 그 여자는 **언제나 꼭** 내 눈을 물끄러미 바라보았다. 나에게 **개인적으로** 말을 걸었던 것이다.

나는 무대에 선 적이 없어 모르겠지만, 배우에 따라서 연기할 때 객석에 누군가 한 사람을 정해놓고 그 사람에게 시선을 고정하는지도 모른다. 하나의 연기 테크닉으로서. 그때 주위에 있던 관객은 모두 인텔리로 보이는 백인들이었고 동양인은 나 한 사람뿐이었다. 그러니 그녀가 관객들 가운데 식별하기 쉬운 나를 '정점定点'으로 상정했다 해도, 뭐 이상하진 않다.

그런 까닭에 내 머릿속은 마지막까지 톳처럼 낱낱이 흩어져 연극이 좋았는지 어땠는지 전혀 기억나지 않는다. 물론 모든 것은 내

착각으로 켈러만은 실은 5미터 이상 떨어지면 아마미가고시마와 오키나와 사이에 있는 아마미 군도의 거점도시의 검정 토끼인지 볼링공인지도 구분하지 못하는 고도근시여서 내 얼굴 따위는 하나도 보이지 않았을 가능성도 있지만. 그래도 어쨌든 안정이 되지 않아 도저히 연극을 볼 수가 없었다. 아, 피곤해.

실제로 사람이 눈앞에서 움직이는 연극은 특수한 생명력이 있다. 나는 연극을 열심히 보러 다니는 쪽은 아니지만 가끔은 마음이 동해 연극을 찾는다. 그때마다 연극은 영화나 콘서트와는 다른 종류의 스릴로 재미를 선사한다. 이런 식으로 피곤할 때도 더러 있지만, 그러나 뭐 한 조각의 추억은 될 테니까.

저녁 무렵에 면도하기

옛날(요즘도 하고 있으려나) 어느 전기면도기 브랜드가 아침 출근길의 샐러리맨을 붙잡아 길거리에서 면도해주는 내용의 실연實演 광고를 했다. 깎여나온 자기 수염을 보면서, "좀전에 면도기로 깎았는데 그래도 이렇게 남아 있군요" 하고 놀라는 식이었다. 광고니까 당연히 과장도 있겠지만 꽤 현실감이 있었다.

나는 가끔 이 회사의 면도기를 사용하는데 때때로 광고와는 정반대로 해본다. 먼저 전기면도기로 수염을 깎고, 잠시 후 일반 면도기로 한 번 더 깎는 것이다. 어째서 일부러 그런 귀찮은 짓을 하냐고? 첫째, 한가해서, 둘째, 호기심에서. 앞에서도 말했지만, 요컨대 이런 부류의 사람이 소설가가 되는 것이겠죠.

결론부터 말하면 후자의 순서로 해도 역시 남아 있던 수염이 나온다. 이유는 잘 모르겠지만 일반 면도기와 전기면도기 둘 다 깎는 방법에 차이가 있고, 특기 분야와 서툰 분야가 각자 따로 있다보니 아무리 깎아도 어느 쪽이나 수염이 남는 것 같다. 게다가 바쁜 아침에는 어떤 방법으로 깎든 "시간을 들여 완벽하게 깎았습니다" 하

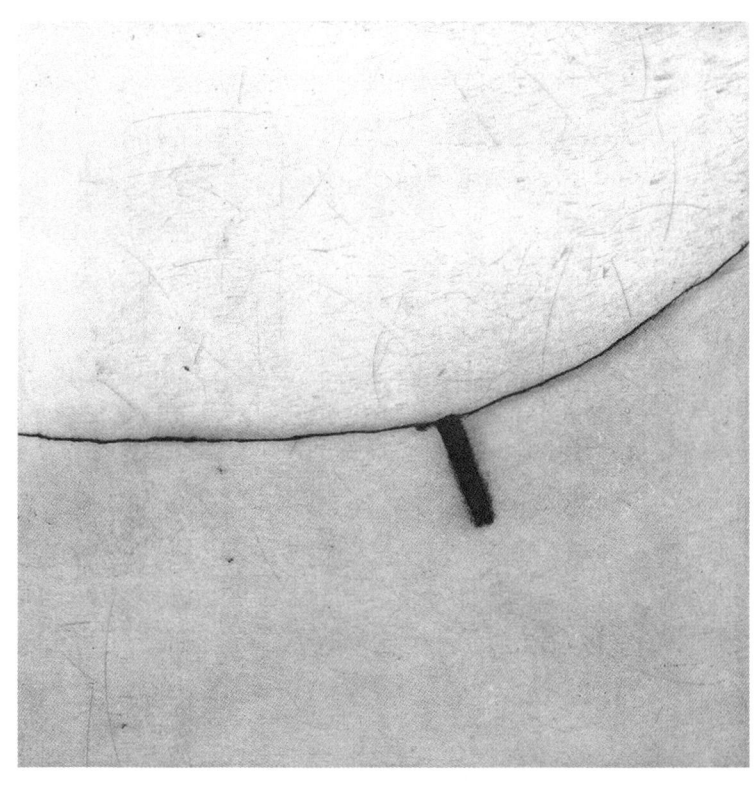

는 사람은 많지 않을 것이다. 그런 의미에서 이 광고는 일면의 진실이 있지만 다른 일면의 진실에 대해서는 굳이 언급하지 않고 있는 게 아닐까, 하고 또 이렇게 쓸데없는 생각을 한다. 설령 사소한 것이라도 다수의 시점에서 실증적으로 사고한다는 건 중요하다.

평소 나는 아침에 한 번 정도 면도를 하지만, 가끔 저녁 무렵에 할 때도 있다. 예를 들어 저녁 콘서트에 간다든가 중요한 사람과 식사를 한다든가 하는 경우다. 나는 저녁 이후로는 거의 스케줄이 없는 농경민족처럼 생활하기 때문에 자주라고는 할 수 없지만 한 달에 한 번 정도는 그런 일이 있다. 물론 귀찮다고 하면 귀찮겠지만, 저녁 무렵의 면도는 그 나름대로 분위기가 있어서 '자, 이제 외출이다' 하는 새로운 기분이 든다. 적어도 아침 면도 같이 그저 의무적이고 습관적인 행위는 아니다. 거기에는 일종의 살아 있다는 실감 같은 것이 있다.

이럴 때는 역시 스팀 타월로 얼굴을 따뜻하게 하고 면도 크림을 바르고 면도기로 차분하게 면도를 하고 싶다. 그리고 정성껏 세수한

다음 크림을 지우고 거울을 보며 면도 자국을 점검한다. 로션을 바르고 약간의 '따끔거림'을 즐기면서 갓 다림질한 새 셔츠로 갈아입고 익숙한 재킷을 걸치고 가죽 구두를 신는다. 그런데 이때 만약 역 앞에서 "안녕하세요, 바쁘신데 죄송합니다만, 이 면도기로 한 번 더 면도 좀 해주시겠습니까?" 하고 말을 걸어온다면, 아무리 무던한 나라도 "어이, 시끄러워. 저리 가!" 하고 호통치지 않을까 싶다.

도넛

 이번에는 도넛 이야기다. 그러니 지금 진지하게 다이어트를 하는 사람은 아마 읽지 않는 편이 좋을 것이다. 도넛 이야기니까.

 나는 옛날부터 단것을 별로 좋아하지 않았다. 그러나 도넛만은 예외로 가끔 이유 없이 무작정 먹고 싶을 때가 있다. 어째서일까? 생각건대 현대사회에서 도넛이라는 것은 단순히 한가운데 구멍이 뚫린 일종의 튀긴 먹을거리에 머물지 않고, '도넛적인' 모든 요소를 종합하여 링 형태에 집결하는 하나의 구조로서 그 존재성을 지양하고 있는 게 아닐까…… 으음, 그러니까 간단히 말해서 그저 도넛을 아주 좋아한다는 말이다.

 내가 '상주 작가writer in residence'로 보스턴 교외에 있는 타후츠 대학에 적을 두고 있을 때, 나는 학교 가는 길에 곧잘 도넛 가게에 들렀다. 가는 길에 서머빌의 던킨도넛 주차장에 차를 세우고 '홈컷' 두 개를 샀다. 가져간 작은 보온병에 뜨거운 커피도 담아달라고 해서 도넛을 넣은 종이꾸러미와 함께 작가실로 들고 올라갔다. 그곳에서 커피를 마시고 도넛을 먹고 반나절 동안 책상에 앉아

책을 읽거나 글을 쓰거나 나를 찾아온 학생들과 이야기를 나누었다. 배가 고프면 차 안에서 바로 도넛을 먹을 때도 있었다. 덕분에 그 무렵 내가 운전했던 폴크스바겐 코라도 바닥에는 늘 도넛 부스러기가 떨어져 있었다. 자랑은 아니지만, 시트에는 커피 얼룩까지 있었다.

  그런데 도넛 구멍은 언제 누가 발명했을까? 모르시죠. 나는 알고 있습니다. 도넛 구멍이 처음으로 세상에 등장한 때는 1847년으로, 장소는 미국 메인 주의 캠딘이라는 작은 마을이었다. 그곳의 한 빵집에 핸슨 그레고리라는 열다섯 살짜리 소년이 견습생으로 일하고 있었다. 그집에서는 튀겨내는 빵을 많이 만들었는데, 빵이 한가운데까지 다 튀겨지려면 시간이 걸리다보니 제빵 효율이 낮았다. 그것을 늘 지켜보던 핸슨 군이 어느 날 빵 한가운데 구멍을 뚫으면 열전달이 훨씬 더 빠르지 않을까 하고, 생각을 실천에 옮겨보았다. 그러자 튀기는 시간이 확실히 빨라졌고, 완성된 도넛은 고리 모양의 기묘한 꼴이었지만, 바삭바삭하고 맛있는 데다 먹기도 좋았다.

"어이, 어떻게 된 거야(익살맞게), 핸슨?"

"음, 이것도 괜찮은걸요, 사장님?" 이런 과정을 거쳐 도넛이 탄생했다. 이렇게 지금 막 실제로 보고 온 것처럼 실감나게 설명하면, "이봐, 정말이야?" 하고 미심쩍어할 수도 있지만, 책에 나와 있으니 사실일 것이다.

갓 튀겨낸 도넛은 색깔이며 향기며 씹었을 때 바삭한 식감이며, 뭔가 사람을 격려하는 듯한 선의로 가득 차 있다. 많이 먹고 건강해집시다. 다이어트 따위, 내일부터 하면 되잖습니까.

판화

 드뷔시의 '판화'라는 제목의 작품이 있다. 세 곡으로 나눠지는데 처음이 〈탑〉, 두번째가 〈그라나다의 밤〉, 마지막이 〈비의 정원〉이다. 각각 이국적인 정경이 인상파의 그림처럼 세밀하게 피아노의 선율로 그려진다. 아름다운 곡이니 기회가 있으면 꼭 들어보시길.
 고등학교 때 스비아토슬라프 리히테르라는 피아니스트의 음반으로 이 곡을 자주 들었다. 몇 번이고 몇 번이고 몇 번이고, 레코드가 너덜거릴 때까지 듣고 또 들어 구석구석까지 기억했다. 리히테르는 냉전시대의 소비에트 연방 사람으로 그때까지 서방에는 거의 모습을 보인 적 없는 환상의 피아니스트였는데, 1960년 전후 첫 해외연주를 나서기 시작해 이탈리아에서 라이브를 녹음했다. 이 〈판화〉도 그때의 연주인데 너무나도 훌륭하다. 터치가 강렬하면서도 지극히 섬세하며 게다가 뭔가 몽롱한 정념 같은 것이 밑바닥에 감돌고 있다. 한마디로 '소름끼칠' 정도라고 할까. 소위 **드뷔시적인 것**과는 좀 다를지 모르지만, 나는 지금도 모든 〈판화〉 가운데 리히테르의 이때 연주를 가장 좋아한다.

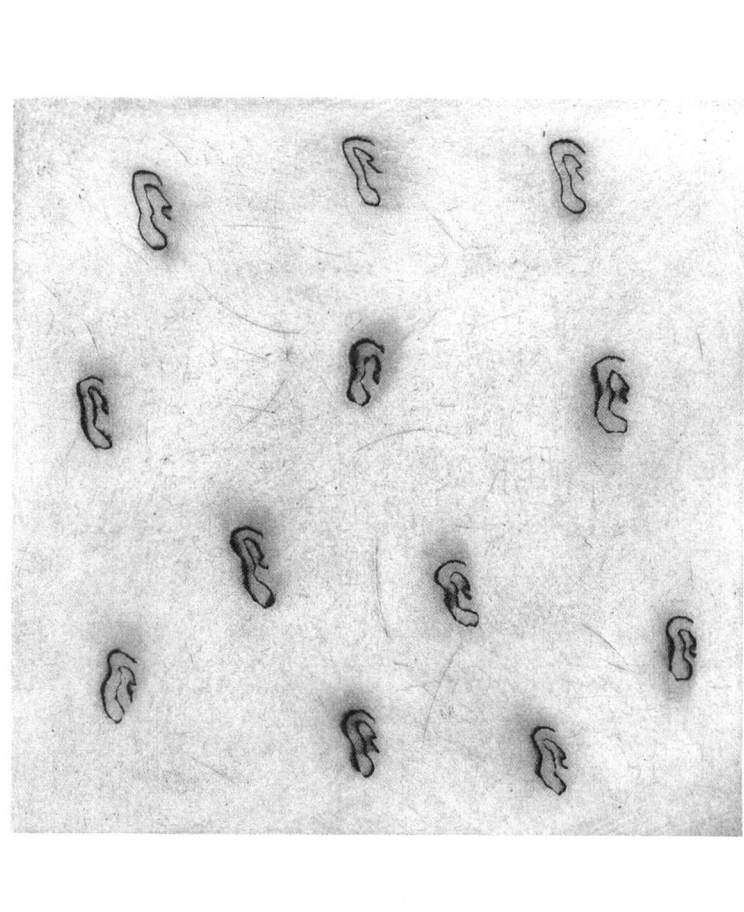

한편 리히테르는 라이브 녹음이어서 마지막에 청중의 박수 소리가 들어가 있는데 나는 이 박수 또한 좋다. 과연 이탈리아인들이다. 곡의 마지막 한 음이 공기에 빨려들어가 사라질까 말까 할 때, 마치 오페라 아리아를 마주했을 때와 같은 절묘한 반응으로 우와아아아 하는 열광적인 박수와 환성을 잊지 않는다. 관중이 얼마나 깊이 매료되었는지 짜릿하게 전해진다. 진정한 박수란 이런 것이지 싶은 훌륭한 박수다. 그런 이유로 내 머릿속에 그 연주는 박수까지 한 세트로 또렷하게 각인되었다.

어느 날, 학교에서 특별활동으로 콘서트에 갔다. 어느 유명한 일본인 여류 피아니스트의 콘서트였는데, 프로그램에 마침 〈판화〉가 들어 있었다. 당연히 리히테르의 연주만큼 감동적이지는 않았지만 공정하게 말해 색다른 맛이 나는 우아한 연주였다. 연주가 끝나고 나는 물론 박수를 보냈다. 그러나 음악에 너무 몰두한 나머지 그만 리히테르 음반에 녹음되어 있는 박수와 같은 타이밍에 치고 말았다. 요컨대 '곡의 마지막 한 음이 공기에 빨려들어가 사라질까 말

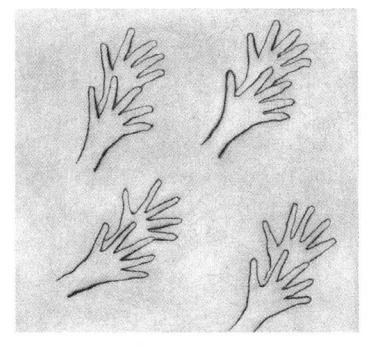까' 할 때, 반사적으로 우와아아아 하며 박수친 것이다. 정말 부끄러웠다. 여기는 일본이다. 그 대목에서 박수치는 사람은 아무도 없었다. 쥐구멍에라도 들어가고 싶었다.

지금도 이따금 리히테르의 〈판화〉를 듣지만, 박수가 나오면 그때의 일이 떠올라 얼굴이 붉어진다. 인생에는 감동도 수없이 많지만 부끄러운 일도 딱 그만큼 많다. 그래도 뭐, 인생에 감동만 있다면 아마 피곤할 테죠.

상당히 문제가 있다

 서른이 되기 직전에 아무런 맥락도 없이 문득 '소설을 쓰자'는 생각이 들어 쓴 것이 공교롭게 한 문예지에서 신인상을 받았다. 그래서 내게는 습작이라는 것이 없다. 처음부터 전부 그대로 '상품'이 되었다. 그때는 '뭐 그런 거지' 하고 마음 편하게 받아들였는데, 지금 생각해보면 정말 뻔뻔스러운 일이었다.
 흠흠, 이건 자랑이 아니다. 그저 사실을 쓰고 있을 뿐.
 "수상이 결정됐습니다" 하는 연락을 받고 오토와에 있는 출판사에 가서 담당 편집자를 만났다. 그리고 출판부장(인지 누군지)에게 가서 인사를 했다. 의례적인 평범한 인사였다. 그랬더니 "당신 소설에는 **상당히** 문제가 있지만, 뭐 열심히 해보세요"라고 했다. 마치 실수로 입에 넣은 것을 퉤 하고 뱉어내는 듯한 어조였다. 이 인간, 부장인지 뭔지 모르겠지만 그렇게 잘난 척 말할 것까진 없잖아, 그때는 그렇게 생각했다. 보통, 그렇게 생각하지 않나?
 어째서 그런 말을 들었을까? 내가 쓴 《바람의 노래를 들어라》라는 소설이 상당히 물의를 일으켰기 때문인데, 출판사 내부에서도

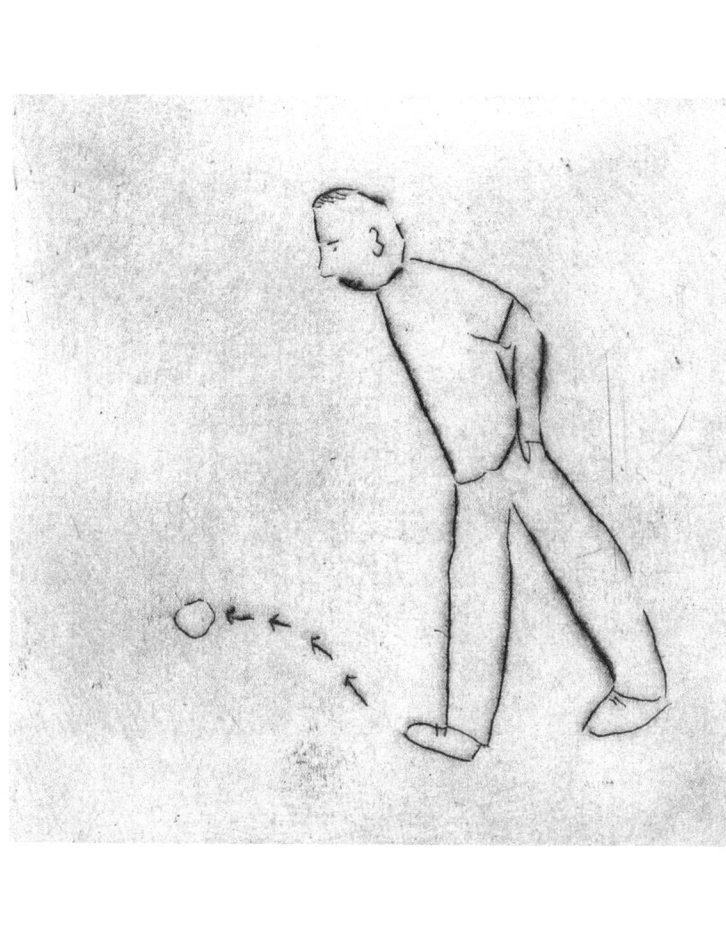

'이런 소설은 문학이 아니다' 하는 목소리가 있었던 모양이다. 그야 뭐 그럴지도 모른다. 그러나 아무리 마지못해 주는 상이라 해도 어차피 주는 것 겉으로라도 좋은 얼굴 좀 하면 어떠냐 말이다.

그러나 세월이 흐른 지금, 혼자 정원 의자에 앉아 저녁노을을 바라보며 인생을 뒤돌아보니, 나라는 인간에게도 내가 쓴 소설에도 **상당히 문제가 있었던**(그리고 지금도 있는) 게 확실한 것 같다. 그렇다면 **상당히 문제가 있는** 인간이 **상당히 문제가 있는** 소설을 쓰고 있으니, 누군가 뒤에서 손가락질해도 어쩔 수 없는 일이다. 그렇게 생각하면 얼마간 마음이 편해진다. 인격이나 작품에 대해 아무리 비난을 받아도, "미안합니다. 원래 상당히 문제가 있어서요" 하고 마음 편히 대응할 수 있을 것 같다. 부적절한 예일지도 모르지만 태풍과 지진이 모두에게 피해를 주더라도 "할 수 없지. 어차피 그게 태풍(지진)인걸" 할 수밖에, 달리 할 말이 없는 것과 마찬가지다.

얼마 전에 독일의 한 신문사에서 편지가 왔다. 인기 있는 텔레비전 문예비평 프로그램에서 독일어로 번역된 내 책《국경의 남쪽,

태양의 서쪽》을 다루었는데, 레플러 여사라는 고명한 문학평론가가 "이런 책은 이 프로에서 추방해야 한다. 이것은 문학이 아니다. 문학의 탈을 쓴 패스트푸드에 지나지 않는다"라고 했다. 그러자 여든 살의 사회자가 나서서 나를 뜨겁게 변호했다(해주었다). 결국 레플러 여사는 화가 났고 흥, 이런 불쾌한 프로그램에 다시는 출연하지 않겠다며 십이 년 동안 지켜온 고정패널 자리를 박차고 나가버렸다. 이 문제를 무라카미 씨는 어떻게 생각하는가 하는 내용의 편지였다. "그러니까 원래 상당히 문제가 있다고요, 정말로" 하고 나는 모든 사람들에게 충고해 주고 싶은데.

성가신   비행기

여름이 끝날 무렵, 나는 비행기를 타고 홋카이도에 갔다. 이렇게 말하면 참 즐거웠을 것 같지만 실은 전혀 그렇지 않았다. 지토세 공항 바로 근처에 있는 호텔에 머물며 그 주변에서 밤늦게까지 볼일을 보고, 다음 날 아침 비행기로 하네다에 돌아왔다. 바빠서 식사도 호텔에서 대충 때웠다. 나는 큰 소리로 정정당당하게 단언컨대 아무리 일 때문이라고 해도 이렇게 엉터리 같은 여행은—이착륙하는 비행기를 지상에서 거의 실물 크기로 보고 싶은 경우를 제외하면— 없을 것이다.

그래서 적어도 읽던 책이라도 챙겨 가서 비행기 안에서나마 집중해 읽으려고 했다. 그런데 읽을 수가 없었다. 너무 빈번하게 방해꾼이 나타났기 때문이다. JAM(가명)이라는 항공사 편이었는데 헤아려보니 이착륙 때 필요한 공지 외에 언뜻 생각나는 것만도 이렇게나 많은 기내 방송과 각종 기내 서비스가 있었다.

① JAM 카드 안내. JAM 카드에 가입하면 얼마나 편리하고 얼마

나 다채로운 서비스를 받을 수 있는가 하는 설명이 길게 이어졌다.

② 베개를 사용하시겠습니까? 신문을 읽으시겠습니까? 잡지는? (모두, 노!)

③ 기장 인사(지금 막 센다이 상공을, 이 비행기는 에…… 통과하고 있습니다. 예정보다 오 분쯤 늦겠습니다. 에…… 곧 오른쪽으로, 음, 뭔가가 보일 겁니다).

④ 음료수 서비스. 이어지는 "손님, 한 잔 더 하시겠습니까?"

⑤ 간식 서비스. 필요 없다.

⑥ 지금부터 정면 스크린에서 오늘 아침 NHK뉴스가 방영됩니다. 좌석 옆에 있는 헤드폰 채널 1번을 이용해주십시오.

⑦ 가슴팍에 멋진 D자가 흔들리는 패셔너블한 크리스찬디올 특제 티셔츠를 준비했습니다. 그리고 JAM 스튜어디스가 애용하는 숄더백을 여름 한정 캠페인으로 특별히 나눠드립니다.

⑧ 사탕 서비스. 필요 없다.

⑨ 마지막 인사. 이건 있어도 좋지만 내용이 상당히 구구절절하

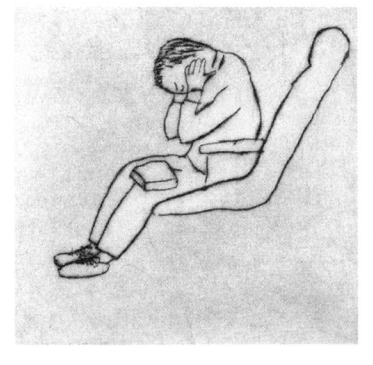다. "여름도 이제 끝이 보이고 붉은 사루비아 꽃이 아름다운 주단처럼 거리 곳곳을 물들이며 우리 눈을 즐겁게 하고 있습니다. 여러분도 부디 더위 먹지 않으시도록 건강에 유의하시기 바랍니다. 오늘도 저희 JAM을 이용해주셔서 대단히······."

단 한 시간 비행하는 동안 이렇게 잇따라 방해를 하니 책 같은 건 도저히 읽을 수 없었다. 아아, 그 '하늘을 나는 카펫' 같은 무뚝뚝하기 그지없는 몽골 항공이 얼마나 그립던지.

크로켓과의 밀월

옛날에 나는 '크로켓'이라는 크로켓 색깔의 커다란 수고양이를 키웠다. 이 고양이를 볼 때마다 크로켓이 먹고 싶어져서 난감했다. 그래도 크로켓이란 미워할 수 없는 음식이다. 나는 크로켓을 좋아한다. 크로켓을 좋아하는 사람 중에 나쁜 사람이 있는지 어쩐지는 모르지만, 테이블에 앉아 무심히 크로켓을 먹는 사람을 뒤에서 갑자기 야구방망이로 습격하는 일은 좀처럼 불가능할 것이다. 물론 먹고 있는 것이 불고기면 그래도 된다는 말은 아니지만(당연하다).

아내는 기름을 써야 하는 조리 과정을 즐기지 않는다. 덕분에 결혼 이후 아내한테 크로켓이나 튀김을 얻어먹은 기억이 없다. 그래서 집에서 먹고 싶으면 만들어놓은 크로켓을 어딘가에서 사오든가 혹은 내가 직접 만들 수밖에 없다. 나는 음식 만들기를 그다지 싫어하지 않기 때문에 마음이 내키면 이따금 크로켓을 만들었다.

감자를 삶아서 으깬 뒤에 고기와 섞어 형태를 잡은 다음, 빵가루를 묻혀 하나하나 랩에 싸서 냉동해둔다. 그리고 크로켓이 먹고 싶으면 먹고 싶은 만큼 꺼내 해동해서 기름에 튀긴다. 먹고 싶을 때마

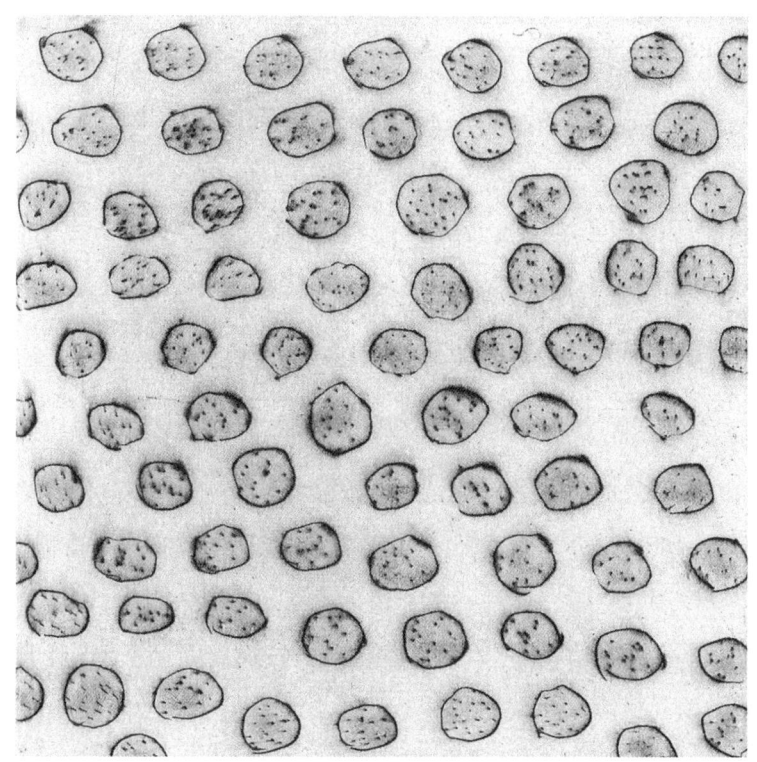

다 만드는 게 귀찮아서 반년 치를 한꺼번에 만들어두었다. 당시는 사정이 있어 업소용 대형냉장고를 보유했던 터라 가능했던 일이다. 그렇게 해서 나와 크로켓은 한동안 더없이 만족스러운 우호관계를 유지했다.

그러나 재난은 오다와라아쓰키 도로 위에서 잠복중인 순찰차처럼 어딘가에서 몰래 당신을 기다리고 있다. 어느 날 갑자기 냉장고가 고장난 것이다. 가스가 빠졌던지 뭐 그런 이유였을 것이다. 전원은 들어오는데 냉기가 전혀 없었다. 덕분에 왕창 냉동해두었던 '크로켓'은 서서히 녹아, 죽어가는 오필리아처럼 치명적인 모습으로 변해갔다. 하필 주말이어서 A/S기사도 부를 수 없었다. 할 수 없이 버리느니 차라리 가능한 한 많이 먹어치우기로 했다. 아니, 먹어치웠다. 이틀 동안 혼자서 죽도록 먹었다. 괴로웠다. 덕분에 그후 몇 년은 크로켓이 꼴도 보기 싫었다. 흉악한 크로켓 군단에 둘러싸여 발로 차이는 식의 폭행을 당하는 꿈까지 꾸었다.

그러나 세월이 흘러 불행한 기억도 점차 옅어지고 크로켓과 화

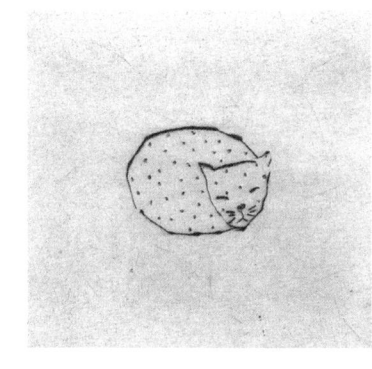

해할 때가 왔다.

재료를 사다가 냉동까지 할 정도의 에너지는 이제 없지만(냉장고의 고장은 상상만으로도 가슴이 쓰리다), 종종 상점가 정육점에서 금방 튀긴 크로켓을 산다. 그리고 옆집 빵가게에서 금방 구운 식빵을 산다. 그리고 근처 공원에 가서 식빵에 크로켓을 끼워 골치 아픈 일 같은 건 접어두고 그냥 먹는다. 세상에는 수없이 많은 맛집이 있지만, 기분 좋은 화창한 가을날 오후, 공원 벤치에 앉아 아무런 거리낌없이 따끈따끈한 크로켓빵을 베어먹는 기쁨에 필적할 만한 것을 선사하는 곳이 또 있을까? 아니, 없습니다(반어). 그나저나 이 책에는 먹는 이야기가 많군요.

가르치는 게 서툴다

나쓰메 소세키가 학교 선생님을 했다는 사실을 아시는지?《도련님》의 주인공은 수학교사이지만 소세키 자신은 영어를 가르쳤다. 그 시대에는 드물게 영국 유학까지 다녀온 만큼 발음이 유창해서 학생들 모두 감탄을 금치 못했다. 기성 교육법에 얽매이지 않은 독자적인 사고방식의 소유자로서 교수법은 엄했지만, 열정적이고 유능한 선생님으로 대부분의 학생들에게 존경을 받았다. 그러나 본인은 '나는 선생님이 맞지 않아' 하고, 도쿄 대학 교수 자리를 박차고 작가가 되었다. 나 역시 매일 어딘가로 출근해서 남한테 무엇인가를 가르치는 것보다야 집에서 좋아하는 소설을 쓰는 편이 훨씬 속편하다고 생각한다.

소세키는 그후 작가로 크게 성공해 일본 근대문학의 기초를 다졌지만, 만년에는 몸이 좋지 않아 자택에서 투병생활을 했다. 위가 안 좋았다(보기에도 위가 안 좋아 보이는 분이죠). 그런데 어느 날, 제자인 스즈키 미에키치가 문병을 갔더니, 선생은 거실 툇마루에 쭈그리고 앉아 열두세 살 남짓한 이웃 아이에게 영어를 가르치고

있었다. 여전히 위가 아픈지 얼굴에는 생기가 없었지만 아주 친절하고 자상한 모습이었다. 아이가 돌아간 뒤에 미에키치가 "아까는 어디 사는 누굽니까?" 물었더니, 소세키는 "어디 사는 누군지 영어를 가르쳐달라고 찾아왔네. 난 바쁜 사람이니 오늘 딱 한 번만이라면 가르쳐주겠다. 대체 누가 나한테 배우러 가라고 하더냐고 물었더니, 선생님은 훌륭한 사람이니 영어도 알 것 같아서 찾아왔다는 거야" 하고 대꾸했다.

그러나 위통을 참으며 남루한 차림의 아이에게 "조금만이야. 할아버지가 바쁘거든" 하며 툇마루에서 초급 영어를 가르치는 소세키의 모습, 멋있지 않은가. 절로 미소가 돈다. 이 이야기는 《영어선생님 나쓰메 소세키》라는 책에 소개된 에피소드다. "나는 선생님이 맞지 않아" 하면서도 가르치는 것 자체는 결코 싫어하지 않았던 것이다.

자랑은 아니지만, 나는 옛날부터 남한테 무엇을 가르치는 데 서툴다. 나 혼자 꾸준히 뭔가를 배우는 것은 힘들지 않은데 그걸 남한

테 설명하는 것은 쉽지 않다. "그건 결국 이기적인 성격 탓인 거죠"라고 아내는 냉정하게 말하지만, 그런 게 아니라 그냥 서툰 것이다. 가르치다보면 이내 초조해져서 가르치는 방법이 나쁜 건 생각하지 않고 '어째서 이런 것도 모르는 거지' 하고 투덜거리게 된다. 그릇이 작다고 할까, 좋은 선생님이 되는 건 도저히 무리다.

옛날에 배팅의 비결에 대한 질문을 받고, "그건 말이죠, 날아온 공을 힘껏 치면 됩니다" 하고 진지하게 대답한 모 야구선수가 있었는데, 나도 그 기분을 모르지 않는다. 말 자체도 틀린 구석은 없다. 이 선수는 현역에서 물러난 뒤에 모 팀의 감독이 되었다. 그러나 역시 세상에는 가르치는 것과 어울리지 않는 사람이 있는 것 같다.

앗, 안 돼!

몇 가지의 소소한 행운이 연달아 찾아올 때가 있다. 그런 날이 있다.

예를 들면 스톡홀름에서 렌터카를 빌렸을 때가 그랬다. 호텔까지 차를 갖다달라고 했는데 그것이 번쩍거리는 사브 9-3 새 차였다. 구 모델인 오펠 아스트라 같은 게 아니라. 계절은 5월, 하늘은 스칸디나비안 블루로 맑게 개었다. 고속도로를 타고 남쪽으로 곧장 달리다가 도중에 시골의 괜찮은 호텔을 발견하면 며칠 머물고 그런 다음 페리에 차를 싣고 덴마크로 건너갈 계획이었다(지금은 다리가 개통되었지만 당시는 아직 페리가 우아하게 오갔다). 멋지죠? 마침 그곳에서 할 일도 끝냈고, 우리는 개운한 기분으로 자유롭고 신나는 장거리 드라이브를 시작하려던 참이었다.

체크아웃하고 아침 일찍 호텔을 나와, 차 시동을 걸고 (부릉!) 시가지를 벗어나 고속도로로 들어섰다. 수동변속기는 마치 따뜻한 나이프로 버터를 자를 때처럼 부드러웠다. 내 인생에서 가장 행복한 아침을 한 다스 고르라 하면 아마 이날 아침이 그중에 들어갈 것이다.

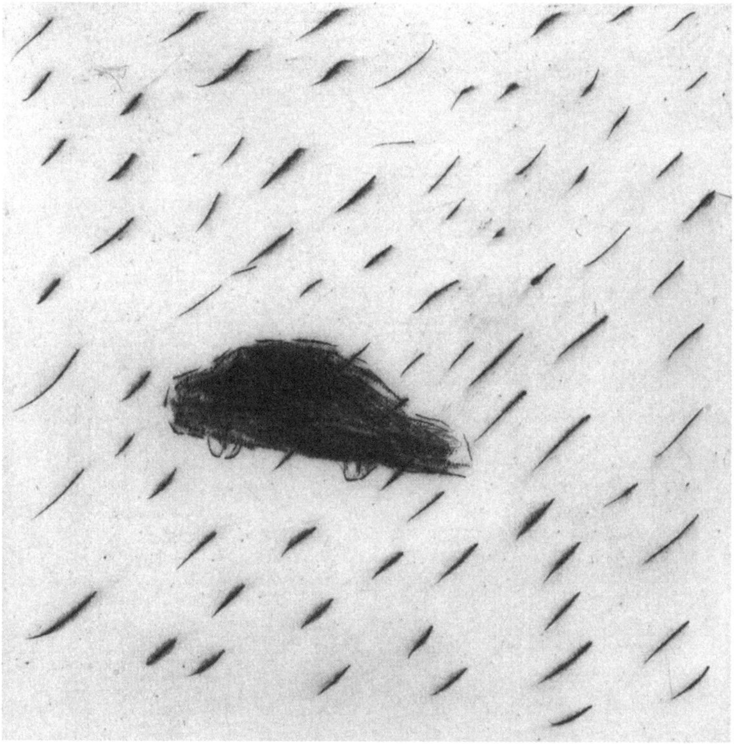

도중에 아름다운 호반 레스토랑에서 샐러드와 생선요리를 먹고 남쪽으로 남쪽으로 내려갔다. 도롯가의 신록은 산뜻하고 사브의 엔진은 카스테레오에서 흘러나오는 〈포스트호른 세레나데〉에 맞춰 경쾌하게 노래했다. 아름다운 날이었다. 그런데 하필 그곳에서 옆에 있던 사람이 찜찜한 의문을 하나 제시했다. 현실이라는 간과할 수 없는 주머니 속에서 삼 주 전에 신었지만 깜박하고 빨지 않은 테니스 양말을 꺼낸 것처럼.

"그런데 여권이랑 여행자수표랑 항공권 갖고 왔어요?"

"……"

여권이랑 여행자수표랑 항공권?

그렇다, 귀중품을 그대로 주머니에 넣어 호텔금고에 맡기고는 체크아웃 때 잊어버리고 그냥 온 것이다. 이미 스톡홀름에서 250킬로미터나 남쪽으로 와버렸는데…… 시간은 벌써 3시에 가까웠다. 내가 깊은 한숨을 쉬며 길가에 차를 세우자, 마치 기다렸다는 듯 비까지 내렸다.

다시 돌아갔다. 돌아가지 않을 수 없었다. 간신히 스톡홀름 호텔에 도착했을 때는 해도 완전히 저물고(시내에 진입해서는 길을 헤맸다) 피로하고 허무해서 두 사람 다 말을 잃었다. 행운이 한꺼번에 거듭된 뒤에는 반드시 그 반향이 찾아온다. 인생이란 그런 것이다. 정말로.

지금도 스웨덴 지도를 보면 그날 그 사건이 머릿속에 되살아난다. 그리고 '호사다마인 거지' 하고 다시금 생각을 정리한다. 스웨덴도 그런 일로 내 기억 속에 남고 싶지 않았을 테지만.

사람들은   왜   지라시   스시를   좋아하는가

나는 간사이 지방에서 태어나 자랐기 때문에 지라시 스시라 하면, 총리가 뭐라건 UN사무총장이 뭐라건 다양한 재료를 채썰기한 다음 단촛물로 조미한 밥에 섞어놓은 컬러풀한 스시라고 생각한다. 얇게 부친 달걀지단을 가늘게 썰어 고명으로 얹은 지라시 스시는 어딘지 모르게 화사한 분위기를 연출하는 덕에 운동회 도시락의 단골메뉴였다. 운동회 전날 어머니가 갓 지은 스시용 밥을 나무 도시락에 담아 선풍기 앞에서 식힐 때면 그 모습을 보는 것만으로도 정말 신이 났다. 하얀 김이 이름 없는 혼처럼 피어오르고 은은한 식초 냄새가 주방을 부드럽게 감쌌다.

그런데 도쿄에 온 어느 날, 초밥집에서 '지라시'를 주문했더니, 단촛물밥 위에 생선회며 이런저런 고명을 그저 주욱 늘어놓기만 한 것이어서 깜짝 놀랐다. 물론 간토와 간사이는 장어며 어묵이며 맛도 조리법도 상당히 다르다. 그러나 지라시의 압도적이기까지 한 콘셉트 차이에는 말을 잃고 말았다. 이름은 같지만 내용은 완전히 '다른 것'이다. 술집에 가서 사진을 보고 늘씬한 '메구미 양'을 지

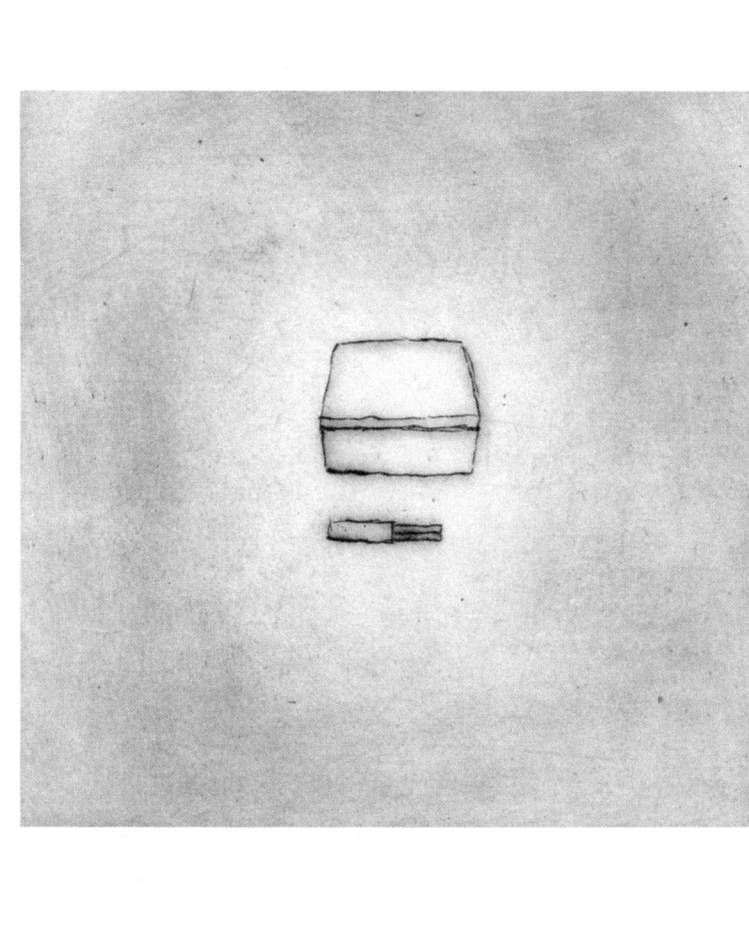

명했는데 비슷하지도 않고 가슴만 큰 '매구미 양'이 나온 것 같은……이라고 예를 들어도 무슨 말인지 이해가 안 되려나. 뭐, 됐다, 그건.

도쿄에 산 지도 벌써 삼십여 년이 지나다보니 이제는 도쿄식 '에도마에 지라시'도 익숙해져서 점심으로 곧잘 먹는다. 물론 간사이식 지라시도 여전히 좋아한다. 도쿄에도 정통 간사이식 지라시를 맛있게 하는 곳이 몇 집 있다. 이따금 '오늘은 간사이식 지라시를 먹을까' 하고 작정하고 먹으러 간다. 내가 좋아하는 곳은 아자부에 있는 B라는 가게인데 이곳 지라시는 밥이 새까말 정도로 김을 넉넉하게 섞어넣는다. 다채로운 고명(생선이나 완두콩이나 송이버섯 등)을 걷으면 거뭇거뭇한 밥이 마치 유년기부터 의식의 심층에 자리잡은 확고한 신념처럼 '짠' 하고 나타난다. 그것은 뭐라 표현할 수 없는 희열이다.

이것은 도쿄 지라시 얘기인데,《현자의 식욕》이라는 책에 나오는 에피소드다. 배우 시무라 다카시 씨가 혼자 지라시 스시를 먹다가

우연히 야마모토 가지로 감독과 마주쳤다. 시무라 씨는 지라시에 뿌려진 생선조각을 접시에 옮겨 밥하고 따로 먹고 있었다. 어째서 그렇게 먹는가 하니, 시무라 씨 집은 원래 사무라이 집안으로 어릴 때부터 부모에게 "밥 위에 반찬을 올려먹는 천박한 짓은 해서 안 된다" 하고 엄하게 배웠기 때문이었다. '그런데 지라시를 워낙 좋아해서'(쓴웃음) 개인적으로 이런 귀찮은 절차를 거쳐서라도 먹는 것이었다.

시무라 씨의 마음, 이해가 간다. 지라시 스시라는 음식에는 뭐랄까, 스타일이나 도덕을 넘은 신기한 마력이 있다.

원시적　　광경

 이번에는 화장실 이야기니 이런 부류의 **아름답지 않은** 화제를 좋아하지 않는 사람이나 지금부터 식사를 해야 하는 사람은 읽지 않는 편이 좋겠다. 얼른 다음 페이지로 넘어가시길.
 나는 태어나서 한 번도 변비를 경험한 적이 없다. "그건 원숭이나 마찬가지잖아." 하고 종종 놀림받기도 하지만, 원숭이든 오소리든 상관없다. 인생에서 괴로운 일은 적을수록 좋으니까.
 그런 나도 지금까지 두 번, '징조는 있는데 볼일을 보지 못한' 경험이 있다. 요컨대 나왔던 것이 도로 들어갈 지경이었다. 왜냐고? 변소가 상상을 초월할 만큼 원시적이었기 때문이다. 첫번째는 그리스의 아토스 반도에 있는 어느 작은 수도원이었다. 이곳 변소 이야기는 전에 어딘가 쓴 적이 있으므로 생략한다.
 두번째는 몽골의 황야 끝, 인적이 드문 몽골 국경경비대 막사에서 이곳의 변소(혹은 똥저장고)는 아토스의 변소를 능가할 만큼 더럽고 냄새가 지독했다. 게다가 이용자가 많아 어지간한 물웅덩이나 다름없던 탓에, 그야말로 악몽 같은 풍경이었다. 걸쳐놓은 발판

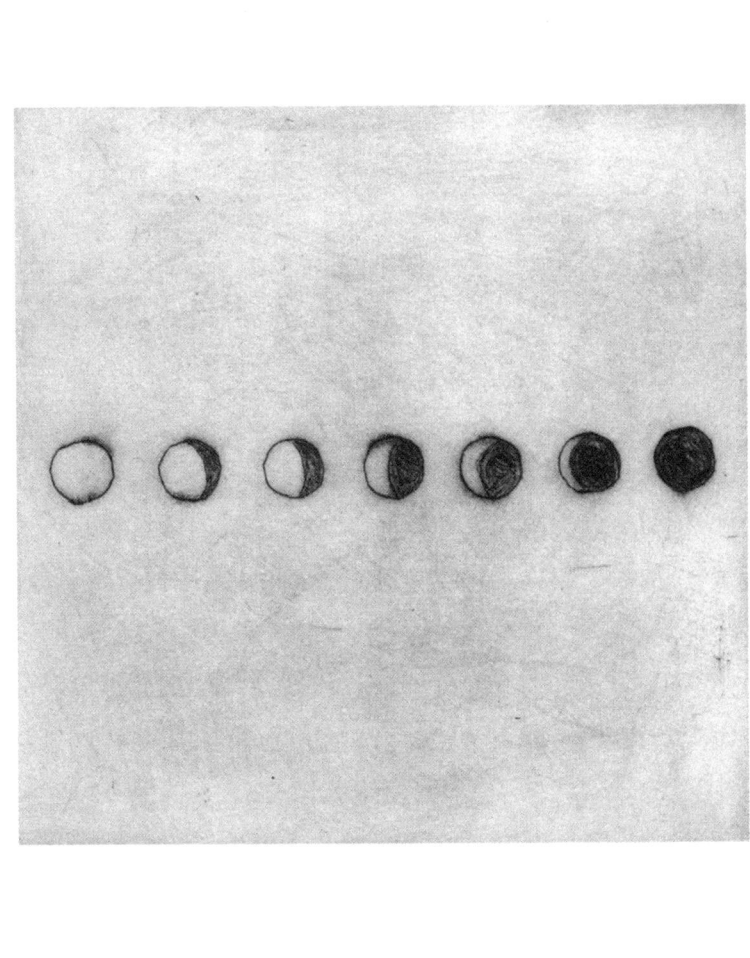

에 올라가 볼일을 봐야 했지만, 웅덩이가 너무 깊어 보이는 데다 갑자기 발판이 부러지면 어떡하나 하는 두려움 때문에 가까이할 수 없었다. 옅은 어둠 속을 뇨키_{수제비를 닮은 파스타의 일종} 크기의 파리떼가 좋아 미치겠다는 듯이 날아다녔다. 나는 오지여행도 곧잘 했던 터라 어지간한 변소는 자신 있다고 생각했는데, 이 두 군데에서만은 위축되어 소기의 목적을 달성할 수 없었다.

그러나 요전에 앙드레 체이킨의 《인류, 달에 서다》라는 아폴로 프로젝트 당시의 우주비행사들에 대한 논픽션을 읽고, 나의 경험 따위는 너무나 사소하다는 것을 깨달았다. 우주선 내부에서 볼일(큰일)을 보는 것은 상상을 초월할 만큼 힘들었다.

변의를 느끼면 우주비행사는 밀봉이 되는 비닐주머니를 꺼내 엉덩잇살에 착 붙인다. 그런 다음 그것이 나오면 비닐 위로 잡아서 직접 끌어내린다. 무중력 상태에서는 그것이 저절로 떨어지지 않기 때문에 손으로 쥐고 끌어내릴 수밖에 없다. 일을 무사히 마치면 이번에는 살충제 캡슐을 열어 내용물을 비닐주머니에 넣고 잘 섞는

다. 그 과정이 한 시간은 걸렸다. 냄새는 그야말로 엄청나다고 쓰여 있다. 그도 그럴 것이다. 차창이 밀폐된 혼다 시빅 안에서 세 사람이 교대로 볼일 보는 것을 상상해보라.

더 지독한 경우는 누군가 설사를 해 뒤처리할 여유가 없을 때이다. 마구 흩어져 공처럼 공중에 떠다니는 동료의 변을 비행사들은 '나비를 잡듯' 하나하나 주워모아야 한다. 그러는 동안 냄새가 너무나 고약해서 비상용 산소봄베를 써서 호흡하지 않으면 안 된다. 이런 얘기를 읽으니, '음, 달 같은 데는 굳이 안 가도 되겠어' 하는 생각이 든다.

넓은 들판 아래서

옛날, 내가 아직 학생이었던 시절, 신주쿠 서쪽 출구에는 아무것도 없었다. '아무것도 없었다'는 것은 '특별히 쓸 만한 것이 아무것도 없었다'거나 '가치 있는 것이 아무것도 없었다' 식의 복잡한 의미가 아니라, 정말 **문자 그대로** 아무것도 없었다는 말이다. 있는 것이라곤 그저 텅 비고 넓은 들판뿐이었다. 지금은 그곳에 고층빌딩이며 호텔이며 도청청사 등이 **빽빽하게** 들어섰다.

그래서 무언가 편리해졌나 하면, 잘은 모르겠지만 뭐 편리해졌겠지. 상당히 많은 사람들이 그 에어리어로 통근도 하고, 쇼핑도 하고 있으니. 그러나 나=무라카미는 특별히 편리해졌다는 실감이 없다. 신주쿠 서쪽이 옛날 들판 그대로라도 딱히 (전혀) 불편하지 않을 것 같다. 아니, 그편이 훨씬 산뜻해서 좋을 것 같기도 하다.

아무것도 없었던 곳이지만 장래 도시계획의 일부로 그 당시부터 지하도만은 꽤 말끔히 정비되어 있었다. 신주쿠에서 놀다가 밤늦게 기숙사나 하숙집에 돌아가기 귀찮으면, 그리고 때가 춥지 않은 계절이면 친구들과 함께 그곳에서 뒹굴거렸다. 그 무렵에는 아직

노숙자가 없었다. 비슷한 또래의 젊은이들이 삼삼오오 모여 아침까지 시간을 함께 보내는 것뿐이었다. 지하도는 깨끗하고 안전했으며 공동체의 친밀감 같은 것이 감돌았다.

한번은 사진작가 지망생인 친구가 나를 찍어주었다. 흑백필름이었다. 열아홉 살의 장발인 나는 벽에 기댄 채 콘크리트 바닥에 앉아 담배를 피우고 있다. 다림질하지 않은 반소매 셔츠에 청바지, 부츠를 신은 차림 모습으로 눈이 퉁퉁 부어 있다. 뭐가 어떻게 되든 내가 신경쓸 줄 아냐 하는 얼굴이다. 시간은 새벽 3시, 아마 1968년 여름이었을 것이다.

친구는 그 사진이 마음에 들었는지 크게 확대해서 내게 주었다. 앞에서도 썼지만 나는 사진 찍히는 것을 좋아하지 않는다. 그러나 그 사진만큼은 그리 나쁘지 않았다. 거기에는 나라는 인간이 안고 있는 것들이 생생하게 드러나 있고, 조악한 입자 속에는 시대의 공기가 선명하게 도려내어져 있다. 한동안 소중히 갖고 있었지만 이사를 거듭하는 동안 잃어버렸다.

사진 찍었던 밤을 지금도 생생히 기억한다. 근처에 깡마른 남자아이가 혼자 오도카니 웅크리고 있었다. 말을 걸어보니 다치가와 고등학교 3학년생이었다. "집에 가고 싶지 않아요"라고 남자아이가 말했다. "여자친구가 임신했는데 애 아빠가 내가 아니래요"라고 했다. 딱히 할 말이 없었지만 어떻게든 위로가 될까 하고 서툴게 노력했던 기억이 난다. 다들 어떻게 되었을까?

신주쿠 서쪽 출구에 갈 때마다 '옛날 이곳에는 그저 넓디넓은 들판이 있었는데' 하고 생각한다. 생각한다고 어떻게 되는 건 아니지만.

작은 과자빵 이야기

컴퓨터를 하는 사람들은 알겠지만, 컴퓨터 전원 버튼을 '톡' 누르고 화면이 셋업될 때까지 시간이 좀 걸린다. 인터넷으로 정보를 불러올 때도 시간이 필요하다. 화면을 노려보면서 꼼짝 않고 기다리면 초조하게 마련인데(모든 새로운 편리함은 예외 없이 새로운 종류의 불편함을 낳는다), 그럴 때 여러분은 무엇을 하시는지?

나는 화면을 일단 잊고 옆으로 돌아앉아 한가로이 문고판 책을 읽는다. '넌 너 좋을 대로 해. 나도 내 좋을 대로 할 테니까' 하는 식으로. 뭐 그렇게 잠깐씩 읽는 것이니 분량이 많고 줄거리가 복잡한 책(예를 들면 도스토예프스키의 《악령》이라든가)은 용도에 맞지 않고, 그렇다고 해서 굴러다니는 잡지를 읽는 건 너무 '킬링타임' 같아 별로다. 이것저것 시도해봤는데 결과적으로는 동화가 가장 괜찮았다.

지금 읽고 있는 책은 《영국 동화집. 스코틀랜드 동화집/아일랜드 동화집》으로 가족들의 책꽂이에서 적당히 골라온 것인데, 보다보니

재미있어서 잠깐의 독서지만 제법 빠져들게 됐다. 초판이 1954년에 발행된 책이어서 지금 읽으면 문체가 다소 고풍스러운 듯하지만 그 점이 오히려 더 동화다운 느낌이고 그래서 더욱 호감이 갔다.

'옛날옛날에 할아버지와 할머니가 살았습니다. 작은 강 옆의 작은 집에 살고 있었죠. 두 사람 다 아주 밝아서 투덜투덜 불평하는 일이 전혀 없었습니다. 집도 정원도 있고, 거기다 탐스러운 황소 두 마리와 암탉 다섯 마리와 수탉 한 마리도 있었습니다. 또 늙은 고양이 한 마리와 새끼 고양이 두 마리도 있었습니다. 그래서 자신들은 정말 부자라고 생각했습니다.'

예를 들어 이렇게 시작하는 이야기가 있는데, 흐음, 분위기 좋죠. 소년기에서 한참 멀어진 사람이 읽어도, 이야, 지금부터 어떤 이야기가 시작될까 하고 꽤 설렌다. 그런데 사실 이 이야기의 주인공 역은 바로 '작은 과자빵'에게 넘어간다. '부자라 생각하는' 할아버지와 할머니는 처음에만 나오고 두 번 다시 나오지 않는다. 이야기에

 서 완전히 빠져 그대로 망각 속에 방치돼버린다. 아주 희한한 이야기다. 동화는 그런 구조적 이상함을 늘 안고 있어서 읽는 내내 흥미롭다.

컴퓨터 부팅을 기다리는 시간에 동화책 읽기란 꽤 괜찮은 일이다. 화면이 다 떠도 그대로 더 읽어도 좋다. 과자빵이 어떤 운명을 겪게 되는지 관심 있는 분은 직접 읽어보세요.

트랜지스터   라디오

아르마 코간이라는 영국의 대중가수가 있었다. 1960년 전후에 활동했으니 한참 옛날 이야기다. 세월의 흐름은 빠르다. 그래서 하는 말은 아니지만 이 사람의 이름을 떠올리면 나는 '아침의 홍안紅顔[코칸] 저녁의 백골'이라는 구절이 불쑥 떠오른다.

요컨대 아침에는 매끈한 젊은이였는데 저녁이 되니 백골이 되어 있더라, 즉 사람의 생사는 예측할 수 없다는 뜻이다. 어딘가에서 이 말을 듣더라도, "에이, 고환睾丸[코간]에 뼈가 어디 있어요?"라고 묻지 마시길. 홍안입니다. 고환에는 뼈가 없다. 없다고 생각한다, 아마도.

다시 아르마 코간 씨의 이야기로. 이 사람은 〈포켓 트랜지스터〉라는 노래로 일본에서도 히트를 쳤다. 가사는 '그가 매일 밤 만나러 와주는 것은 내가 가진 작은 트랜지스터라디오로 히트곡 퍼레이드를 듣기 위해서야' 하는 내용이었다. 결국 두 사람은 결혼해서 '나이를 먹어도 함께 음악을 들읍시다'라고 하게 된다. 아직 트랜지스터라디오가 드물고 귀한 시대였다. 트랜지스터라는 말의 느낌

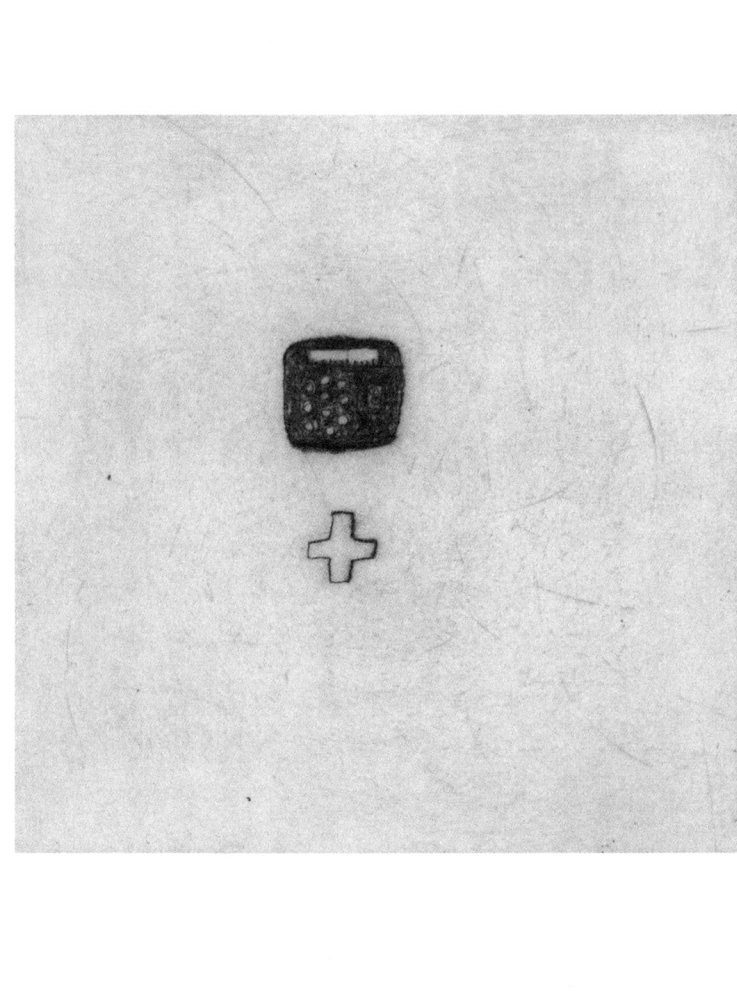

그 자체가 신선해서 '트랜지스터 글래머'라는 유행어도 생겼다. 체구는 작지만 몸매가 풍만한 매력적인 여성을 말한다.

나는 이 철없는 노래를 지금도 기억하는데, 그 무렵 나도 마침 포켓용 트랜지스터라디오로 '히트곡 퍼레이드'에 빠져 있었기 때문이다. 라디오 스위치를 켜면 리키 넬슨이니 엘비스 프레슬리의 노래가 나왔다. 소리는 빈약했지만 한 손에 쏙 들어오는 작은 크기였기 때문에 어디든 휴대할 수 있었고 혼자 친밀하게 음악을 들을 수 있었다. 음악만 있으면 아무것도 필요 없을 정도로 즐거웠다.

그뒤에도 줄곧 일관되게 음악에 빠져 지냈는데, 그 소형 트랜지스터라디오가 내 음악생활의 원점이 되었다. 오디오도 진화했고 듣는 음악도 마일스 데이비스에서 바흐, 레드 핫 칠리 페퍼스까지 거침없이(어찌나 제멋대로인지) 확장되었지만, 마음 한가운데에는 언제나 그 소형 라디오가 자리하고 있다. 검은 가죽 커버의 냄새까지 선명하게 기억한다. 그리고 아르마 코간의 옛 노래가 어딘가에

서 들려올 때마다 열한 살 소년이 느낀 살랑이는 바람과 달콤한 풀냄새와 끝을 알 수 없는 밤의 깊이가 또렷이 되살아난다.

  음악이란 참 좋다. 거기에는 항상 이치와 윤리를 초월한 이야기가 있고, 그 이야기에 얽힌 깊고 다정한 개인적인 정경이 있다. 이 세상에 음악이라는 것이 없다면 우리의 인생은(요컨대 언제 백골이 되어도 이상하지 않은 우리의 인생은) 더욱더 견디기 힘든 무언가가 되어 있을 것이다.

하늘 위의 블러디 메리

국제선 비행기를 타면 식사 전에 "음료수는 뭘 드시겠습니까?" 묻는다. 그럴 때 당신은 무엇을 마시는지? 나는 대체로 블러디 메리를 주문한다.

블러디 메리는 잘 아시죠. 톨 글라스에 얼음을 넣고, 보드카와 토마토주스를 섞어 거기에 리앤페린 우스터소스를 한 방울 떨어뜨린 다음 레몬을 가볍게 짜는 것인데. 있는 지식 다 동원하자면 끝이 없지만, 말하자면 이런 과정을 거치는 것이다.

블러디 메리를 좋아하는가 하면 특별히 그렇지도 않다. 생각해보면 비행기 이외의 장소에서는 굳이 블러디 메리를 주문한 적이 없다. 그럼 어째서 비행기에서만 블러디 메리일까. 모처럼 해외여행을 가는데 흔해빠진 맥주나 위스키를 주문하는 것은 멋이 없다고 생각해서일 것이다. 해외여행에는 뭔가 좀더 축제 같은 느낌이 필요한 법이다.

그렇다고 보드카 김렛이나 드라이 마티니 같은 것을 주문해봐야 전문 바가 아니니 훌륭하게 나올 리 없다. 그래서 나온 궁극의 타협

안이 블러디 메리다. 까다롭게 따지지만 않으면 그냥 보드카에 토마토주스를 섞은 것이니까.

그러나 그렇게 나온 블러디 메리가 모두 괜찮은가 하면 의외로 그렇지 않다. 실제로 항공사별로 블러디 메리의 맛을 비교해보면 놀랄 만한 차이가 있다.

A등급: 커다란 글라스에 보드카와 토마토주스를 좋은 비율로 섞어 담고 얼음도 알맞게 넣었다. 소스도 딱 좋다. 이런 블러디 메리가 나오면 행복해진다. 언제 추락해도 좋다고 생각한다(이것은 거짓말).

B등급: 보드카 미니 보틀과 블러디 메리 믹스 캔을 따로 가져와서 "그쪽 마음대로 섞어 드세요" 하는 것. 좀 시시하고 번거롭지만, 직접 내키는 대로 배합할 수 있으니 그나마 용서해줄 수 있다.

C등급: 배합이 무신경하고 (보드카가 너무 많고 토마토주스가 적다), 게다가 (만들어놓은지 한참 지났는지) 얼음이 녹아 전체적으

로 묽어진 것. 이런 블러디 메리를 "자!" 하고 무뚝뚝하게 내밀면, '흥, 이 항공사 비행기 두 번 다시 타나봐라' 싶다. 그까짓 블러디 메리 한 잔에 그렇게 삐칠 것도 아니긴 하지만.

그러니 항공사에 계시는 여러분, 나를 위해서라도 가능한 한 맛있는 블러디 메리를 내어주세요. 그것만으로도 아주 행복해지니까. 어쨌든 지금 내 머릿속에는 블러디 메리의 맛을 기준으로 항공사가 떠오를 정도다.

새하얀   거짓말

나는 거짓말하는 게 영 서툴다. 그러나 거짓말 자체는 그리 싫어하지 않는다. 말이 좀 이상하지만, 요컨대 '심각한 거짓말을 하는 것은 서툴지만, 해롭지 않은 흰소리를 하는 것은 꽤 좋아한다' 라는 말이다.

예전에 어떤 월간지의 서평을 부탁받은 적이 있다. 나는 책을 쓰는 사람이지 비평하는 사람은 아니니 서평은 가능하면 쓰고 싶지 않다. 하지만 그때는 사정이 있어, "뭐, 좋아요, 하죠" 하고 받아들였다. 하지만 그냥 하면 재미가 없으니까, 가공의 책을 만들어서 그것을 자세히 평론하기로 했다. 실제로 존재하지 않는 사람의 전기에 대한 서평을 한번 써봤더니 여간 재미있는 게 아니었다. 없는 책을 만들어내는 것이니 그만큼 머리는 써야 했지만, 책 읽는 시간은 절약할 수 있었다. 게다가 거론한 책의 저자에게 "그자식, 말도 안 되는 소리를 써대다니" 하고 개인적으로 원망 살 일도 없었다.

이 가상 서평을 쓸 때는 나중에 누군가에게 "돼먹잖은 거짓말하지 마" 하는 항의 편지나, "어디 가면 이 책을 구할 수 있어요?" 하

는 문의가 오지 않을까, 각오를 단단히 했다. 그렇지만 문의가 한 건도 오지 않아 되레 기운이 빠졌다고나 할까, 그건 그것대로 안심이었다고나 할까. 결국 월간지 서평 따위는 아무도 진지하게 읽지 않는구나 싶었는데 실상은 어떨는지.

지금은 비교적 진지하게 대답하지만, 한창 건방지던 젊은 시절에는 인터뷰 때도 종종 엉터리 대답을 했다. 어떤 책을 읽고 있는가 물으면, "글쎄요, 최근에는 메이지시대의 소설을 자주 읽습니다. 초기 언문일치 운동에 관련된 마이너 작가들을 좋아하는데요, 구체적으로 말하자면 구와다 마사오나 오자카 고헤이의 작품은 지금 읽어도 몹시 자극적이더군요"라고 대답하기도 했다. 물론 둘 다 실존하지 않는 작가다. 백 퍼센트 꾸며낸 답변이다. 그러나 그런 사실을 아무도 모른다. 나는 그렇게 얼렁뚱땅 지어내 대답하는 데 의외로 능하다. 특기라고 할까, 장기라고 할까.

일본어에는 '새빨간 거짓말'이라는 표현이 있는데, 어째서 거짓

말이 빨간지 아시는지? 악질적 거짓말로 민심을 현혹한 자는 빨간 떡 열두 개를 입안에 밀어넣어 질식사시킨다는 나라奈良 때의 잔혹한 형벌 때문입니다—라는 것은 예의 거짓말이다. 어째서 거짓말이 빨간지 옛날부터 궁금해서 언젠가 조사해보려 했지만 지난 수십 년 동안 줄곧 바빠서(거짓말 하고 있네) 아직 시도하지 못했다.

영어에는 white lie라는 말이 있다. 이것은 '죄가 없는(방편의, 의례적인) 거짓말'을 말한다(이것은 사실임). 문자 그대로 '새하얀 거짓말'. 내 거짓말은 어느 쪽인가 하면 이쪽에 가깝다. 해롭지는 않다고 생각한다. 아무튼 빨간 떡 열두 개를 억지로 먹으라면 참을 수 없을 테죠.

이상한　동물원

　나는 동물원을 좋아해서 해외여행을 가면 곧잘 그곳 동물원을 찾는다. 그리하여 전세계 여러 동물원에 가보았다.
　중국의 다롄 동물원에 갔을 때, '고양이'라는 심플한 팻말이 걸린 우리가 있었다. 그리 크지 않은 우리였는데, 안에 달랑 고양이 한 마리가 자고 있었다. 아주 평범한 고양이였다. 설마 하고 주의 깊게 관찰했지만, 아무리 지켜봐도 역시 머리끝부터 발끝까지 평범한 갈색 줄무늬 고양이였다. 마침 한가했던 나는 우리 앞에 서서 그 고양이를 한참동안 보고 있었다. 몸을 동그랗게 말고 쿨쿨 자는 고양이는 좀처럼 눈을 뜨지 않았다. 아주 한잠이 든 것 같았다.
　중국까지 와서 어째서 평범한 고양이가 평범하게 자는 모습을 이렇게 열심히 구경하는 것인지 스스로도 어이없었지만 그런데 참 좋더란 말이지, 그게. 자고 있는 고양이라면 물론 세계 어딜 가나 있지만 동물원 우리 안에 있는 고양이는 볼 기회가 그리 흔치 않다. 중국이란 역시 깊이가 있는 나라라는 걸 실감했다.
　밀라노의 동물원에서는 줄곧 곰하고 놀았다. 나뭇잎을 먹는 커

다랗고 검은 곰이었다.

우리 앞에 서서 보고 있었는데 마침 커다란 나뭇잎이 바람을 타고 날아와 우리 안에 떨어졌고 곰이 그것을 우적우적 맛있게 먹어치웠다. 그래서 나는 시험 삼아 근처에 있는 나뭇잎을 따서 던져주었다. 그랬더니 일어서서 앞발로 받아 입으로 가져가 먹는데 그 모습이 엄청나게 귀여웠다.

나는 그때도 역시 한가했으므로(대체로 늘 한가하다) 삼십 분 정도 근처 나무에서 커다란 잎을 따 곰에게 계속 던져주었다. 나도 가끔 채소 샐러드가 몹시 당길 때가 있기 때문에 정확하게는 모르지만 곰의 기분을 알 것 같았다. 어지간히 한산한 동물원인지 그러는 동안 지나가는 사람도 거의 없었다. 그런데 한 번에 그렇게 많은 나뭇잎을 먹어도 괜찮으려나, 나중에 탈이 나지 않았으면 좋으련만.

커트 보네거트의 소설에 혹성인에게 유괴되어 그 별의 동물원에 갇힌 남자 이야기가 나온다. 우리(라고 부르지만 유리로 된 침실)에

는 '지구인'이라는 이름표가 붙어 있고 그 별의 사람들 모두가 구경하러 찾아온다. 그리고 우리에 '짝'으로 넣어준 것이 글래머인 금발의 미녀다. 꼭 그래서는 아니지만, 동물원 우리 속에 한번 들어가보는 것도 나쁘지 않겠다는 생각을 가끔 할 때가 있다. 여러분은 어떠신지? 그렇게 생각하지 않습니까? 역시 내가 이상한가.

이걸로 됐어

자랑은 아니지만 태어나서 한 번도 "무라카미 씨, 잘 생겼네요" 하는 칭찬을 들어본 적이 없다. 역에서 전철을 기다리는데 모르는 여자분에게 "길에서 처음 본 순간부터 사모해왔어요" 하고 편지를 건네받은 경험도 없다. 못생겼다고 외면당한 적도 없지만(있었어도 눈치채지 못했을 가능성은 있겠다) 넋을 잃고 바라보는 사람도 없었다.

그러나 나뿐만 아니라 내일을 알 수 없는 이 불완전한 '세상'을 만들어가는 사람들 대부분은 그렇게 별로 신통찮고 어두컴컴한 공간에서, 좋지도 나쁘지도 않게 꼬박꼬박 하루하루를 보내고 있는 게 아닌가 하고 내 멋대로 상상하는데, 그렇지도 않으려나.

아내는 종종 "아, 좀더 예쁘게 태어났더라면 좋았을걸" 하고 거울을 보며 탄식하듯 중얼거리지만(우리 어머니도 비슷한 말을 했었다), 나는 지금까지 '좀더 잘생겼더라면' 하는 생각을 한 적이 없다. 잘 기억나지 않지만 아마 없지 않을까.

내가 그렇게 말하면 아내는 "당신은 **정말 뻔뻔스럽다니까요**. 하

여간 성격도 희한해" 하고 어이없어한다. 그러나 그건 아니다. 절대로 나는 뻔뻔스러운 것이 아니다. 지금까지 살아오며 특별히 불편했던 기억도 없고, 부자유스러웠던 적도 없기 때문에, "대충 이 정도면 됐어" 하고 솔직하게 말하는 것뿐이지, 절대 "이 상태로도 충분히 잘생겼어"라고 주장하는 게 아니다. 거기에는 큰 차이가 있다.

지금까지의 인생에서 불특정 다수의 여성에게 사랑받았던 기억은 없지만 몇 명인가의 여성에게 개인적인 호의를 품은 적은 있었고, 그중 몇 명은 다행히 잠깐 사귈 정도로는 나를 마음에 들어해주었다. 그리고 지금 돌이켜보면 '아무래도 그녀들은 잘생겼다는 이유로 나를 좋아한 건 아닌 것 같다'는 느낌이다. 아마 나의 사고방식과 느낌과 취향과 표현방법과 그밖의 다양한 요소들(얼굴생김도 조금은 포함되었을 거라고 은근히 자부하지만)을 종합해 그 종합체로서의 내가 일시적이나마 그녀들의 마음에 들었을 거라고 생각한다.

 그것은 내게 잘생겼느니 못생겼느니 하는 이상으로, 의심할 여지없이 영양가 있는 사실이었고, 내가 이 길고 귀찮은 인생을 사는 데 큰 격려가 되었다. 그래서 "이대로도 특별히 불편한 건 없어. 이 이상 잘생겨지길 바라지도 않아"라고 말하는 것이다.

그러나 역시 이건 뻔뻔한 걸까?

뻔뻔한 걸 거야, 분명. 미안하이.

원주율 아저씨

아침 일찍 일어나기 때문에(보통은 5시 전후), 자주 라디오를 듣는다. 주방에서 커피를 끓이고 토스트를 굽는 동안 대체로 NHK의 이른 아침 프로그램을 틀어놓는다. 딱히 좋아해서 듣는다기보다 달리 할 일도 없고 해서 그냥 틀어놓고 있는 것이다.

아침 5시 전부터 NHK 라디오를 듣는 사람은 대부분 —아마 상상이 갈 거라 생각하지만— 노인이다. 아나운서도 노인을 상대하듯이 얘기하고, 소개하는 편지도 대부분 노인들이 보낸 것이다. 음악도 매치박스20의 〈밴드〉 같은 게 아니라, 오타 구립 어린이합창단이 부르는 다키 렌타로의 〈꽃〉이라든가, 그런 아주 점잖은 걸 튼다.

요전에 그 프로그램을 듣는데 육십대 남성이 보낸 사연을 읽어주었다. 그 사람은 어느 날 원주율을 외울 수 있는 데까지 외워보자 작심한 이래 지금은 소수점 육백 자리까지 외웠다. 그걸 매일 아침 줄줄 암창한다. 그렇게 하면 뇌의 노화를 방지할 수 있다는 이유에서였다. 세상에는 참 다양한 사람이 있죠.

그런데 내 생각에 이런 사람은 가족에게는 그다지 존경받지 못

하지 않을까 싶다. 매일 아침 큰 소리로 원주율 육백 자리를 암송하면 가족들도 점점 지긋지긋해질 것이다. 위대한 달성인 건 분명하지만 원주율 소수점 육백 자리까지 필요한 사태는 현실적으로 일단 없을 터.

원주율 숫자를 코드화해서 우주로 강력한 전파를 계속 발신하는 연구소 같은 것이 어딘가 있다던데, 아직도 하고 있으려나. 어째서 전파를 발신하는가 하면, 이 우주 어딘가에 있을 지성 있는 행성인과 접선하기 위해서다. 그런데 어째서 원주율인가 하면 원둘레와 그 지름의 비율은 만국공통으로 어떤 문명이 일정 단계에 이르면 반드시 원주율을 발견하게 된다. 그래서 얼마만큼 자세하게 원주율을 파악하고 있는가가 문명을 파악하는 하나의 잣대가 된다―라는 이야기를 들은 적이 있다.

그래서 트랄파마도어 행성인이 전파를 해독해 '오, 형제여, 저쪽 태양계에는 원주율을 아는 문명이 있는 것 같아'라는 식으로 인식

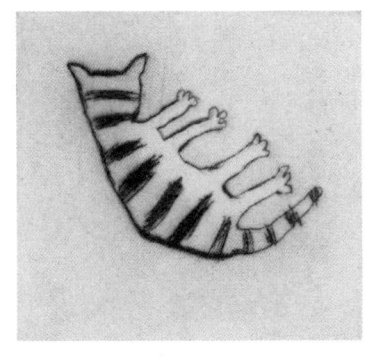
할 수 있는 것이다(옛날 닛카쓰_{일본의 유명 영화사}가 제작한 영화에서 영향을 받은 외계인일 것이다). "뭐어? 말도 안 돼, 육백 자릿수까지 아는 녀석이 있다니. 징그러운 것들. 잠깐 가서 초수소폭탄이나 먹이고 올까?"라고 하면 좀 곤란하겠지만.

그런데 어째서 내가 아침 5시부터 트랄파마도어 별의 사람들 걱정까지 해야 하는 거지? 이것도 다 원주율 아저씨 같은 사람들이 나오기 때문이 아닐까. NHK 라디오도 참 곤란하군.

센트럴파크의 매

얼마 전, 이른 아침에 센트럴파크를 조깅하다가 저수지 철망 위에 앉아 있는 매 한 마리를 발견했다. 매 같은 것은 동물원 우리 속에서밖에 본 적이 없었던 터라 깜짝 놀랐다. 그것도 산속이 아니라 뉴욕 한복판이라니 나도 모르게 눈을 비볐다. 그러나 아무리 봐도 매였다. 틀림없었다. 나는 한참동안 멈춰서서 그 윤기나는 날렵한 날개와 차갑고 거친 눈동자를 넋놓고 바라보았다. 얼마나 아름답던지.

뉴욕에 가면 대체로 이스트사이드나 센트럴파크에서 가까운 미드타운에 호텔을 잡는다. 위치적으로 말하면 사실 좀더 아래쪽의 서점이나 중고 레코드 가게들이 밀집한 동네나 소호 주변이 내 취향에 맞지만, 아침에 센트럴파크를 달리는 매력을 이기지 못해서 결국 업타운 방면에 숙소를 잡게 된다. 만약 뉴욕에 센트럴파크가 없었더라면, 그 동네에 그렇게는 가지 않았을 것이다.

잘 몰랐지만, 내가 발견한 매는 상당히 '유명인사' 같다. 매는 대체로 깎아지른 듯한 절벽에 둥지를 트는데, 뉴욕의 고층빌딩은 생

각해보면 '절벽'이나 마찬가지고 센트럴파크에는 작은 새며 다람쥐 같은 먹이들이 많다. 그런 이유로 이 매는 대도시 한가운데서 유유히(인지 어떤지는 모르겠지만) 삶을 영위하고 있는 것이다. 부부가 같이 살며 새끼도 키우고 있는 것 같다. 먹이가 될 다람쥐나 작은 새들은 "뭐어, 진짜로?" 하고 민폐라 생각할지도 모르지만 그러나 그것이 자연이다. 어쩔 수 없다.

마천루(진부하네) 처마를 빌려 둥지를 튼 뉴욕의 매, 폼나지 않는가. 동경하게 된다. 그런데 솔직히 말하면 나는 극단적인 고소공포증이 있어서 그런 높은 곳에서는 도저히 생활할 수 없다. 하긴 고소공포증이 있는 사람이 애초에 매 같은 건 되지 못하겠지만.

센트럴파크에서 업타운 쪽으로 달려가 한 바퀴 돌고 호텔로 돌아오면 약 10킬로미터 가까이 된다. 딱 좋은 거리다. 공기도 좋고 공원 안에는 신호도 거의 없다. 계절은 가을이어서 땀이 살짝 날 정도다. 샤워를 하고 옷을 갈아입고 근처 커피숍에 가서 아침식사로 소시지와 달걀프라이가 같이 나오는 팬케이크 세트를 주문한다.

뜨거운 블랙커피를 마시면서 또다시 매를 생각한다. 그 매는 무난히 아침식사를 발견했을까?
  내기해도 좋은데, 아침 6시 무렵 한 마리의 아름다운 매와 조우하는 것만큼 멋진 하루는 좀처럼 없을 것이다.

사랑에   빠진   사람처럼

특정 상황에 꼭 머리에 떠오르는 노래가 있다. 이를테면 하늘이 아름다운 밤에 별을 올려다보면 〈사랑하는 이들처럼 Like Someone in Love〉이라는 오래된 노래를 흥얼거린다. 재즈 쪽에서는 잘 알려진 스탠더드 곡인데, 아시는지?

요즘 문득 정신을 차리고 보면
나도 모르는 사이
혼자 물끄러미 별을 바라보고 있기도 하고,
기타 선율에 빠져 있기도 해,
마치 사랑에 빠진 사람처럼.

사랑에 빠져 있으면 그런 일이 있다. 의식이 어딘지 기분 좋은 영역을 나비처럼 너울너울 날아, 지금 무얼 하는지 잊고 있다가 문득 정신을 차리고 보면 긴 시간이 흐른 것을 깨닫는다.
생각건대 사랑을 하기에 가장 좋은 나이는 열여섯에서 스물하나

정도가 아닐까. 물론 개인차가 있으니 쉽게 단언할 수는 없지만 그보다 아래라면 뭔가 어린애 같아서 우스울 것 같고, 반대로 이십대가 되면 현실적 굴레가 작동할 것 같고. 더욱 나이가 많아지면 쓸데없는 잔꾀가 늘어서 또 그렇고 말이다.

그러나 십대 후반 정도의 소년소녀의 연애에는 적당히 바람 빠진 느낌이 있다. 아직 깊은 사정을 모르기 때문에 실제로는 옥신각신하는 일도 있겠지만, 그만큼 모든 일이 신선하고 감동으로 가득할 것이다. 물론 그런 나날은 눈 깜짝할 사이에 지나가고 정신을 차렸을 때는 이미 영원히 잃어버린 뒤겠지만, 그러나 기억만큼은 신선하게 머물러 그것이 우리의 남은 (애처로운 일이 많은) 인생을 꽤 유효하게 덥혀줄 것이다.

줄곧 소설을 써왔지만 글쓸 때 역시 그런 **감정의 기억**이란 몹시 소중하다.

설령 나이를 먹어도 그런 풋풋한 원풍경을 가슴속에 갖고 있는 사

람은 몸속 난로에 불을 지피고 있는 거나 다름없기 때문에 그다지 춥지 않게 늙어갈 수 있을 것이다.

그러니 귀중한 연료를 모아두는 차원에서라도 젊을 때 열심히 연애하는 편이 좋다. 돈도 소중하고 일도 소중하지만, 진심으로 별을 바라보거나 기타 선율에 미친 듯이 끌리는 시기란 인생에서 아주 잠깐밖에 없으며 그것은 정말 귀한 경험이다. 방심해서 가스 잠그는 것을 잊거나, 계단에서 굴러떨어지는 일도 가끔이야 있겠지만 말이다.

식당차가　있으면　좋을　텐데

　　최근에는 잘 보이지 않지만, 식당차란 것 참 좋지 않나요. 여행을 떠나 식사 때가 되면 식당차에 가서 시간을 들여 여유롭게 식사하기를 즐긴다. 별로 돈이 없던 젊은 시절에도 여행중에 열차를 타면 무리해서라도 식당차에 들렀다.
　　하얀 테이블보가 깔려 있고(설령 군데군데 오래된 소스 얼룩이 있다 해도), 묵직하고 고풍스러운 커틀러리에 카네이션 한 송이가 꽂힌 꽃병이 놓여 있으면 금상첨화다. 먼저 맥주를 주문한다. 시원한 병맥주와 옛날식 맥주잔이 나온다. 햇살이 창으로 들고 맥주의 호박색 그림자가 테이블보 위에 드리워진다.

　　아직 독일이 동서로 분열됐던 시절에 동독을 통과하는 열차에 올랐다. 베를린에서 오스트리아까지 가는 열차였던 것 같다. 식당차가 붙어 있었는데 그것은 실로 내가 찾던 바로 그런 클래식한 모습이었다. 하얀 제복을 입은 고참 웨이터가 오더니 주머니에서 몽당연필을 꺼내 합병증 증세라도 묻는 듯한 표정으로 고개를 끄덕이

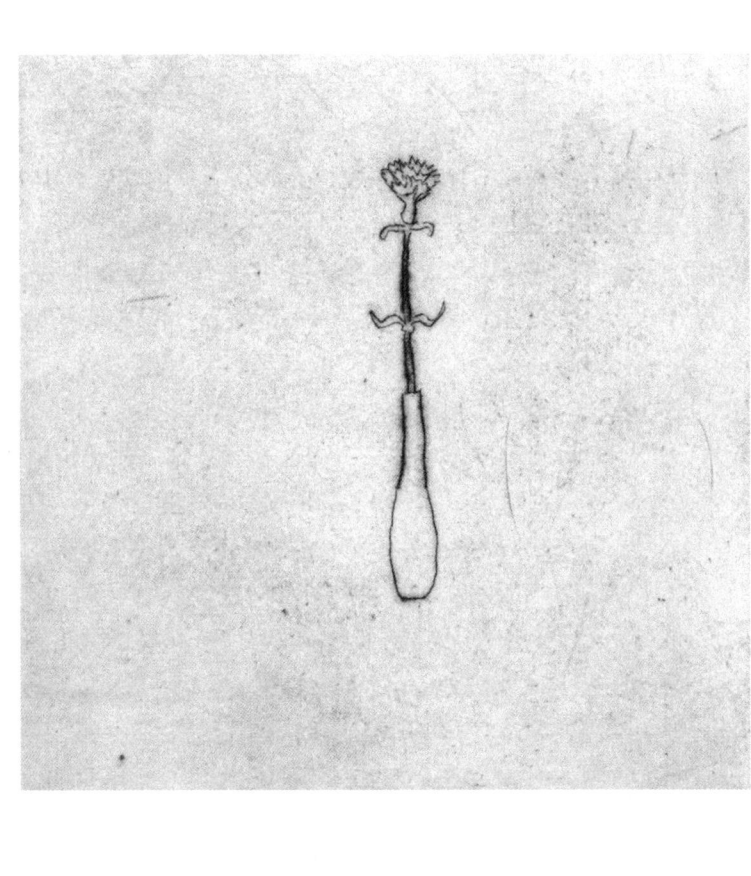

며 신중하게 주문을 받았다. 그날 메뉴에서 내가 고른 것은 맥주와 수프와 야채샐러드와 후추 스테이크였다.

음식이 나오기까지 나는 창밖의 풍경을 바라보았다. 동독의 시골 마을이 줄줄이 눈앞을 지나갔다. 가을 햇살은 부드러웠고, 집집마다 지붕이 환하게 빛나고 있었다. 강이 있고, 숲이 있고, 보드라운 초원이 있고…… 그 위를 구름이 유유히 흘러갔다. 만약 그곳에 불평해야 할 포인트가 존재했다면, 그것은 그날 나온 음식이 너무 맛이 없었다는 사실이다. 얼마나 맛이 없었냐고? 그건 말이다, 십 년 이상 지난 지금도 맛이 없었다는 것을 또렷이 기억할 만큼 맛이 없었다.

이렇게 근사한 식당차에서 이렇게 맛없는 음식을 내주다니, 동독이라는 나라도 길게 가진 않겠구나 하고 그때 아주 진지하게 생각했다. 그리고 실제로 그 몇 년 뒤 동독이라는 나라 자체가 사라져버렸다. 뭐, 식당차에서 맛없는 음식을 파는 나라는 전부 망한다는 얘기는 아니지만.

 일전에 식당차를 무대로 한 단편소설을 쓰려고 한 적이 있다. 남자가 혼자 여행하다가 식당차에서 한 젊은 여성과 합석하게 된다. 남자는 스테이크 샌드위치와 맥주를 주문한다. 여자는 포타주 수프와 물만 주문한다. 물을 마시면서 여자는 신기한 이야기를 시작한다. 그녀는 굵은 손가락 한 개를 알코올에 담가 휴대하고 다닌다고 말한다. 그녀는 그 병을 가방에서 꺼내 테이블 위에 올려놓는다. 재미있겠죠? 그런데 결국 그 소설은 쓰지 않았다. 식당차 같은 걸 이제 세상에서 볼 수 없게 됐으니까.

장수하는 것도 말이지

요절하는 게 좋은지, 장수하는 게 좋은지, 한쪽을 고르라고 하면 물론 조금이라도 장수하는 쪽을 강력히 바라겠지만, 문학사전을 펼쳐놓고 동서고금의 작가들의 사진을 보다보면 '너무 장수하는 것도 좀 그렇군' 하는 생각이 든다. 젊어 죽은 작가들은 언제까지고 젊을 때 얼굴로 남아 있는데 비해, 장수한 작가는 죽기 직전의 사진이 '기본'으로 정착되는 일이 많기 때문이다.

이를테면 랭보나 푸시킨의 사진은 항상 젊고 발랄하다. 거기에 비해 톨스토이나 시가 나오야는 이미 '늙수그레에에!' 한 느낌이다. "시가 나오야? 아, 그 교과서에 있는 대머리 할아버지 말이지?" 하게 된다. 당사자 입장에서 생각해보면 "한번쯤은 젊을 때 사진도 좀 실어봐. 이거야 원, 나는 평생 노인네였던 것 같잖아" 하고 항의하고 싶을 것이다. 그러나 그들의 그런 목소리는 세간에 들리지 않고(들릴 리 없지만), 언제까지나 늙고 머리가 벗겨진 주름투성이의 포트레이트가 세상에 퍼지게 된다.

뭐 그런 것이 죽어도 싫다면 샐린저처럼 어느 시점부터 높은 담

안에 숨어 세상에 얼굴도 비치지 않고, 새로운 사진도 절대 찍지 않으면 되겠지만(샐린저는 올해로 여든둘이 되지만, 중년 이후의 얼굴은 거의 아무도 모른다), 그렇게까지 하는 것도 좀……이라고 생각한다. 솔직히. 게다가 세상을 등지고 숨어 지내는 동안 전설은 커녕 모두에게 깡그리 잊혀버릴 위험도 있다.

  외국에는 작가 얼굴만 전문으로 찍는 프로 사진가가 있다. 그들은 진정한 의미의 전문가로 거의 작가 사진밖에 찍지 않는다. 작가를 촬영해 그 필름을 파일화해놓고 출판사가 요청하면 빌려주고 수입을 얻는다. 최근에는 젤리 바우어와 마리온 에트링거 이 두 사람이 대표적인 사진가일 것이다. 나도 그들에게 사진을 찍은 적이 있는데, '역시 전문가!'라는 느낌이었다. 비유가 이상하지만, 솜씨 좋은 치과의사 같았다.
  에트링거 씨가 뉴욕 스튜디오에서 촬영한 레이먼드 카버의 흑백 사진은 카버가 그후 얼마 뒤 세상을 떠나면서 이른바 마지막 프로

필 사진으로서의 역할을 톡톡히 하고 있는데, 여간 근사한 게 아니다. 한창 활동중인 작가의 에너지 같은 것이 생생히 배어나온다.

열심히 건강 유지에 힘써서 아흔여섯 살까지 살다가, 결국 후세 사람들에게 "무라카미 하루키? 꼬질꼬질하고 비실거리는 별 볼 일 없는 노인네?"라는 말을 듣긴 싫지만, 그렇다고 일찍 죽고 싶지도 않은데. 난감하네, 구시렁구시렁.

골동품   가게   기담

아내가 골동품을 좋아해서 여행가는 곳마다 그 지역 앤티크숍에 들른다는 얘기는 앞에서도 쓴 것 같다. 나는 되도록 어떤 사실에 대해 단정짓지 않고 살아가기로 마음먹은 사람이지만, 과감히 독단적으로 세우고 싶은 원칙이 하나 있다. '골동품에 특별한 흥미가 없는 사람이 골동품 가게에 따라가서 장시간 빈둥대는 것만큼 지루한 일은 없다'는 것. 아내가 무슨 소린지 모르는 전문용어를 써가며 가게 주인과 얘기하는 동안, 나는 하품을 하며 가게 안을 어슬렁거리면서 딱히 궁금하지도 않은 것을 봐야 한다. '어째서 때가 낀 접시에 이렇게 비싼 가격을 붙여놓지?' 같은 생각을 하면서.

속옷 가게에 들어가는 것과는 달리(들어가지 않지만), '눈 둘 곳이 없어 곤란한' 것은 아니니 그 점은 다행이라면 다행이랄 수 있지만 아무리 그래도 지루한 건 어쩔 수 없다.

교토의 작은 골동품 가게에서 나는 처음부터 왠지 불길한 예감이 들었다. 가게를 보고 있는 할머니의 눈초리도 싫었다. 그 할머니

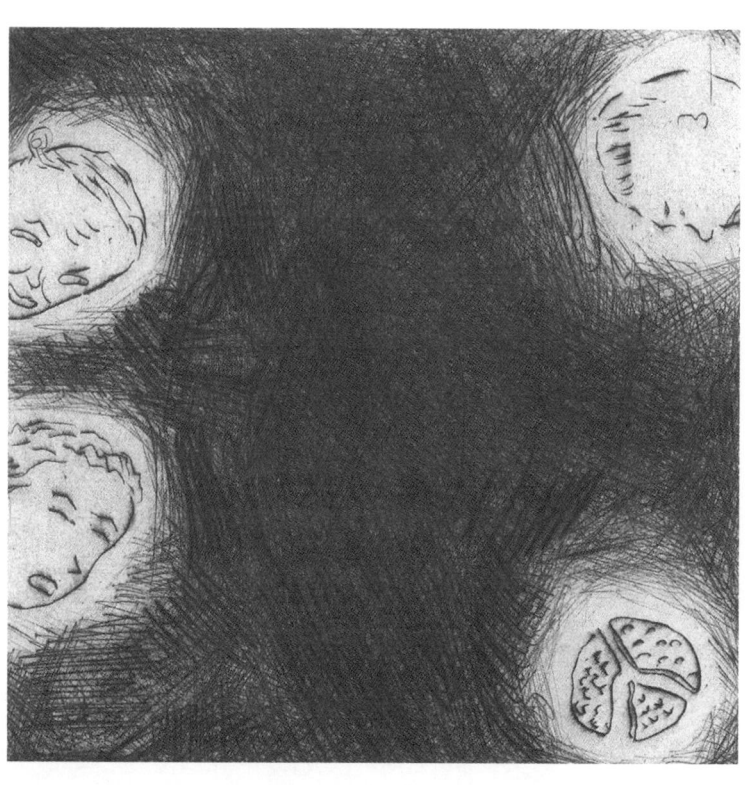

는《헨젤과 그레텔》에 나오는 마녀 같았다. 깊은 숲속 이상한 집에 혼자 사는 게 아닐까 싶을 정도로 요기가 감돌았다. '되도록 저쪽으로는 가까이 가지 않도록 하자. 좋은 일 없을 것 같으니' 하고 마음을 다잡았다.

그러나 지루한 나머지, 나도 아내를 따라다니며 들은 풍월로 좀 안답시고 마침 눈앞에 있는 접시를 보고는 "메이지시대 것인가 본데, 무늬는 그리 나쁘지 않은걸" 하고 혼자 중얼거렸다. 그쯤에서 그만두었으면 좋았을 텐데(왜 그만두지 않았던 걸까!) 손에 들고 살펴보았다. 바로 그때 등뒤로 뭔가 찌릿하게 강력한 전자파 같은 시선을 느꼈다. 아, 이건 실수야 하고 돌이킬 틈도 없이 손이 미끄러지며 접시가 바닥에 떨어져 산산조각이 났다.

"괜찮아요. 신경쓰지 말아요. 어차피 잘 깨지는 거니까요" 할머니는 웃으며 말해주었지만, 눈은 입과 전혀 다른 말을 하고 있었다. 입가는 웃지만 눈은 웃지 않았다. 그런 특수한 메시지를 포함한 웃음을 띨 수 있는 사람들이 고도 교토에는 아직 적잖게 살고

있는 모양이다.

'한 장은 팔 수 없다'는 말에 열 장 세트를 울며 겨자 먹기로 전부 안고 왔다. 안 살 수가 없잖아요.

"왜 그랬어요." 나중에 아내가 야단을 쳤다.

"그렇지만 그건 말이야, 염력이었어. 그 할머니가 내 손에서 미끄러지도록 찌릿찌릿 전파를 보냈단 말이야." 나는 변명했다.

물론 아내는 그따위 말에 상대도 해주지 않았다. 그 아홉 장의 접시는 지금도 집에서 사용하고 있다. 뭐, 나쁘지 않은 접시이긴 하지만.

싸움을 하지 않는다

나는 결코 온후한 성격이라고는 할 수 없지만, 남하고 싸워본 적은 일단 없다. 적어도 누군가와 싸우고 절연한 기억은 전혀 없다. 욕을 들어도 그렇게 화나지 않는다는 것이 그 하나의 이유가 될지도 모르겠다.

직업상 여러 곳에서 여러 사람에게 심한 말을 듣는다. 말로 들을 뿐만 아니라 신문이나 잡지에서 기사로 맞닥뜨리기도 한다. 칭찬받는 일이 없지는 않지만 굳이 따지자면 비난 쪽이 더 많다. 예를 들면 "무라카미는 바보다"라든가, "무라카미는 위선자다"라든가, "무라카미는 거짓말쟁이다"라든가. 거짓말이 아니다. 정말 그렇게 말한다. 그런 말들을 들으면 솔직히 기분이 좋진 않다(기분이 좋으면 성격이상이지).

그러나 잘 생각해보면 "넌 위선자야"라는 비판에 "아뇨, 그렇지 않습니다. 난 위선자가 아닙니다!"라고 당당하게 반론할 수 있는 사람이 얼마나 될까? 적어도 나는 반론할 수 없다. '듣고 보니 내 안에 위선적인 부분이 있을지도 모르겠군요'라고 생각할 것이다.

솔직히.

그런 의미에서 나는 확실히 바보인 데다 거짓말쟁이다. 제멋대로이고 완고하고 변덕스럽고 성급하고 무신경하고 교양 없고 세련되지 못했다. 나한테 좋지 않은 것은 금방 잊어버리고, 의미 없는 시시한 농담도 종종 즐긴다. 협조성 제로. 인간이 깊이가 없고 생각하는 내용도 얄팍하다. 내가 쓴 소설 역시 다시 읽어보면 몹시 어설프다. 음, 물론 '많든 적든'이란 수식어가 붙는다 쳐도 결함을 막상 이렇게 리스트업하니 정말로 살아있을 가치가 없는 인간처럼 보이는군. 그리고 인격 결함의 여지가 보이는 또 다른 것은 알코올 중독과 아동 학대, 양말 페티시즘 정도가 아닐까.

그러나 일단 그런 식으로 마음먹고 나면, 잃어버릴 게 이제 아무것도 없다. 누구에게 어떤 심한 말을 들어도 무섭지 않고, 딱히 화도 나지 않는다. 연못에 빠져 다 젖은 마당에 누가 물을 또 뿌려봐야 차갑지 않은 것과 마찬가지다. 그런 인생이 속편한 거라고 한다면 나는 상당히 속편하다. 오히려 '그렇게 형편없는 인간인 데 비

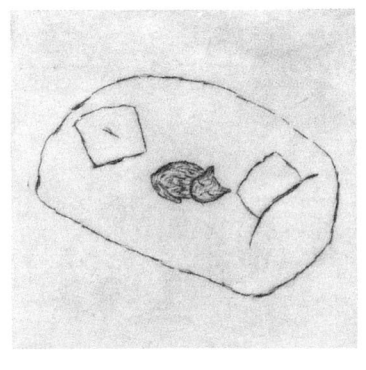

해 잘 살고 있잖아' 하는 자신감이 마음속에서 끓어오를 정도다.

세상에서 무엇이 가장 깊은 상처가 되는가 하면, 잘못된 칭찬을 받는 것일 터다. 이미 상당 부분 확신하는 바이다. 그런 칭찬을 받다가 망한 사람들을 많이 보아왔다. 인간이란 칭찬에 부응하고자 무리하게 마련이고, 그러면서 본래의 자신을 잃어버리는 사례가 적지 않다.

그러니까 누군가에게 이유 없는 (혹은 이유 있는) 험담을 듣고 상처를 입더라도, "아, 잘됐어. 칭찬받지 않아서 다행인걸. 하하하" 하고 넘겨보시길. 물론 그렇게 생각하기란 좀처럼 쉽지 않지만.

버드나무여, 나를 위해 울어주렴

음, 버드나무를 좋아하시는지? 나는 아주 좋아한다. 멋있게 생긴 버드나무 한 그루를 발견하여 우리 집 정원에 옮겨심어놓았다. 마음이 동하면 의자를 들고 그 아래에 가서 한가롭게 책을 읽는다. 겨울에는 아무래도 춥지만, 봄에서 초여름까지는 가느다란 초록색 잎이 바람에 살랑살랑 흔들리는 것이 여간 좋은 게 아니다.

버드나무는 힘이 넘치는 나무여서 내버려두면 이내 무성해지기 때문에 이따금 전문 정원사를 불러 잎을 다듬는다. 사람과 마찬가지로 잎을 정리하고 나면 외양이 말끔해지고 가지도 가벼워지다보니 그것이 산들바람에 흔들릴 때면 마치 종일 지칠 줄 모르고 춤에 빠져 있는 소녀들 같다. 휘늘어지기도 하고, 흐르기도 하고, 빙그르 턴도 하고.

버드나무는 날씬하고 우아하다. 그런데 '버드나무는 눈에 부러지는 일이 없다'는 말이 있다. 겉으로만 탄탄해 보이는 나무보다 낭창하고 부드러운 버드나무 쪽이 외려 더 강하다는 말이다.

〈버드나무여, 나를 위해 울어주렴 Willow Weep for Me〉이라는

흘러간 미국노래가 있다. 빌리 힐리데이가 근사한 목소리로 불렀다. 애인에게 차인 뒤 고통스러운 마음을 버드나무에게 절절히 호소하는 내용인데 어째서 버드나무가 누군가를 위해 울어주어야 할까? 영어로 '버드나무'가 weeping willow이기 때문이다. weep에는 '흐느껴 울다'라는 일차적 의미 말고 나뭇가지 같은 것이 늘어져 있다는 뜻도 있다. 그래서 영미권에서 자란 사람들은 버드나무를 보면, '아아, 흐느껴 우는구나' 하는 이미지를 저절로 떠올리게 된다. 그러나 일본에서 버드나무라 하면 이내 머리를 풀어헤친 귀신을 연상한다. 문화권에 따라 사물의 이미지는 상당히 달라진다.

그렇다고 영미권에서는 버드나무에게 음산함을 전혀 느끼지 않는가 하면 그런 것도 아닌 것 같다. 미국 작가 앨저넌 블랙우드의 《버드나무》는 순수한 괴담이다. 도나우 강을 배로 건너가던 두 청년이 버드나무가 우거진 섬에서 야영하다가 살아 움직이는 버드나무에게 습격당하는 이야기인데, 버드나무가 밤의 어둠 속에서 너울거리면서 두 사람을 차례로 손아귀에 넣는다. 단편이라기보다

중편에 가까운 소설로 고풍스럽다고 할까. 템포는 느리지만 한 줄 한 줄 꼼꼼히 읽다보면 점차 빠져들어 등줄기가 오싹해진다. 버드나무라는 식물에는 어딘지 '의인화'하고 싶어지는 이상한 생명력이 있는 것 같다.

옛날 중국 여성들은 사랑하는 사람과 헤어질 때 버드나무 가지를 꺾어 살며시 건네주었다고 한다. 가지가 부드러우면서 좀처럼 부러지지 않기 때문에, 그 가지에 '돌아오라'는 마음을 담은 것이다. 이것 참 로맨틱하다.

나는 신칸센이 나고야 역에 도착하면 거의 반사적으로 〈버드나무여, 나를 위해 울어주렴〉을 흥얼거리는데, 그건 단순히 역에서 우이로_{버드나무 마크가 상징인} 시루떡를 팔고 있기 때문이다. 나도 참, 한심하다고 생각하지만.

체중계

여러분, 체중계 좋아하세요? 하고 물으면, "그건 그냥 몸무게 재는 기계 아냐. 좋아하고 말고 할 게 뭐 있어" 하는 답이 돌아올 것 같다. 세상 사람들은 대개 그러니까. 아니면 "올라설 때마다 불쾌해져서 체중계 너무 싫어요!" 하는 사람도 개중에는 있을지 모른다. 나는 그런 말도 안 되는 이유로 미움받는 체중계가 불쌍하다고 생각하지만.

솔직히 털어놓자면 나는 체중계를 좋아한다. 지금까지 체중계를 몇 개째 바꿔가며 함께 생활해왔다. 언제나 말없이 욕실 한구석에서 조용히 시간을 보내다가 가끔 한 번씩 끌려나와 사람을 태우고는 "으으" 혹은 "아아" 같은 알 수 없는 소리를 듣고 다시 또 구석으로 치워지는 체중계. 왠지 기특하다는 생각이 들지 않는지. 나는 체중계를 볼 때마다 '만약 내가 체중계였다면 대체 어떤 기분으로 일생을 보낼까' 하는 생각을 한다. 흠, 그렇다고 해서 내 쪽에서 체중계에게 뭔가 해줄 수 있는 게 있는가 하면, 특별히 없지만.

체중계를 좋아하지만, 모든 체중계가 사랑스럽냐 하면 그건 또 아니다. 여자와 옷에 취향이 있듯 체중계에 대해서도 나 나름대로 약간의 취향이 있다. 별로 선호하지 않는 체중계는 위에 올라서면 삐삐삐 디지털로 표시해주는 최신 제품. 외형도 스마트하고 숫자도 읽기 쉽지만 왠지 신뢰가 가지 않는다. 체중계의 블랙박스화라고 할까, 기계 안에서 실제 무슨 일이 행해지고 있을지 아무도 모른다. 이를테면 그 속에 악질 난쟁이가 들어앉아 하품을 하며, "이녀석은 좀 무거운 것 같으니까 72킬로그램으로 해버리자" 하고 키보드로 적당한 숫자를 탁탁 쳐넣고 있을지도 모른다. 나는 이런 데 아주 의심이 많은 성격이다.

내가 개인적으로 좋아하는 체중계는 옛날 채소가게에서 채소를 달 때 썼던 천칭처럼 추를 좌우로 움직여서 한가운데 눈금으로 무게를 읽는 심플한 저울이다. 조작하는 데 익숙해지기까지 시간도 걸리고 최근에는 거의 보이지 않지만 그래도 그 저울이 좋다. 연말부터 연초에 걸쳐 한 달 정도 하와이로 휴가를 다녀왔는데(죄송합

니다), 매일 가던 근처 헬스클럽에서 고전파 체중계를 발견해 완전히 친해져버렸다.

도쿄에서 잦은 외식으로 체중이 불었던 참에 이 일을 계기로 감량을 결심하고, 다이어트와 운동을 조금 성실하게 했다. 그래서 3킬로그램을 뺐다. 감량 비법은 성격 좋고 성실한 체중계와 친해졌기 때문이라고 굳게 믿는데, 이런 주장을 진지하게 하는 것은 나밖에 없을지도 모르겠다.

골프가 그렇게 재미있을까

타이거 우즈 씨, 여전히 강하네요, 라고 말은 하지만, 나는 골프라는 것을 태어나서 한 번도 친 적이 없고 흥미조차 가진 적이 없어서 우즈 씨의 어디가 어떻게 강한지는 전혀 모른다. 대충도 모른다. 그저 그렇게 압도적으로 이기고 있으니 아마 강하겠지 하고 적당히 상상할 뿐.

우즈 씨(타이거 씨라고 부르기는 왠지 좀 그렇군요)는 볼 때마다 언제나 모자를 쓰고 있다. 그러고 보니 모자를 벗은 모습은 본 적이 없다. 목욕탕에 들어갈 때도 침대 속에 있을 때도 역시 그 나이키 모자를 쓴 채 싱글거리고 있는 게 아닐까 하는 생각이 들 정도다 (그것은 그것대로 뭔가 재미있을 것 같지만).

여기서 나의 제안. 우즈 씨는 모자를 쓰는 대신 그 나이키 마크를 이마에 문신으로 새겨넣으면 어떨는지. 그러면 일일이 모자를 벗고 쓸 필요도 없고 세탁할 필요도 없고 그리고 땀띠날 염려도 없다. 게다가 평생 가고. 나이키 사장도 '오, 우즈 씨. 그렇게까지 우리 회사 홍보에 열심이라니' 하고 감동해서 전속 계약금을 듬뿍 올

려줄 게 틀림없다. 축하, 축하. 게다가 이마에 나이키 마크라니, 하타모토 다이쿠쓰오 시대소설의 주인공처럼 멋있지 않나? 앗, 하타모토 다이쿠쓰오를 모른다고? 그렇군요. 까마득한 이야기를 해서 미안합니다.

내가 아는 사람 중에는 골프를 하는 사람이 거의 없다. 없을 뿐만 아니라 골프라는 스포츠 자체에 반감을 가진 사람들이 많다. 일러스트레이터 안자이 미즈마루 씨도 그중 한 사람이다. 둘이서 밤새 술을 마시다보면 우리도 모르게 골프나 골퍼들의 험담을 하고 있을 때도 있다. 그 럭셔리한 골프웨어가 마음에 들지 않는다든가, 울퉁불퉁한 공 모양이 아무래도 수상하다든가, 거의 **트집 잡기**에 가깝지만.

미즈마루 씨는 학생 때 골프장에서 캐디 아르바이트를 했는데, 그때 질 나쁜 골퍼에게 이런저런 험한 꼴을 당해서 골프 자체를 완전히 싫어하게 돼버렸다. 젊은 날의 잊을 수 없는 경험이랄까, 그런 것이 의외로 많다. 나도 학창 시절에 니혼 은행에서 아르바이트한

적이 있는데, 아침부터 밤까지 매일 일만 엔짜리 지폐를 인쇄하다 보니 돈이 완전히 싫어졌다. 물론 새빨간 거짓말입니다(아, 썰렁해).

나는 크로스컨트리 스키를 좋아하는데, 홋카이도의 골프장은 겨울이 되어 눈이 쌓이면 멋진 크로스컨트리 스키 코스가 된다. 끝없이 이어지는 완만한 언덕, 곳곳에 보이는 예쁜 숲과 연못, 주위는 쥐죽은 듯 고요하고 이따금 여우가 호기심 가득한 얼굴로 이쪽을 힐끔거린다. 정말 좋은 곳이다. 현재로서 나와 골프장의 접점은 그 정도일까.

길만 있으면

 골프를 치지 않는다는 얘기를 썼는데, 그 얘기를 계속하자면 내가 골프를 하지 않는 이유 여든일곱 개쯤은 즉석에서 읊을 수 있지만 중요한 것만 들자면,
 ① 혼자서 할 수 없다. 타인과 함께할 수밖에 없다.
 ② 일일이 멀리까지 가야 한다.
 ③ 장비를 다 사야 하고, 갖고 다니기 힘들다.
 ④ 옷이 마음에 들지 않는다. 성가시다.
 등이다.
 한편 그 반대편에 있는 것이 내가 좋아하는 스포츠다. 즉, 달리는 것이다. 달리기는 혼자 할 수 있고, 길만 있으면 언제 어디서나 할 수 있고, 적당한 운동화 한 켤레만 있으면 특별한 도구가 필요 없다.
 그런 이유로 벌써 이십 년째 날마다 달리는데, 달리기는 특히 여행할 때에 좋은 것 같다. 낯선 외국의 도시에 가면 아침에 일어나 그 동네를 천천히 달려본다. 정말 기분이 좋다.

그뿐만이 아니다. 조깅할 때의 속도(시속 10킬로미터)는 풍경을 구경하기에 이상적이다. 차로 달리면 놓치는 것들도 눈에 들어오고, 걸어서 둘러보는 것보다 정보량이 훨씬 더 많아진다. 흥미를 끄는 것이 있으면 멈춰서 찬찬히 볼 수도 있고, 사람을 잘 따르는 고양이가 있으면 같이 놀아도 좋다. 문제가 있다면 종종 길을 잃고 헤매는 것이다. 그야 그렇다. 완전히 낯선 거리를 적당히 달리는 것이니 헤매지 않는 게 이상하지.

핀란드 어느 도시를 달릴 때도 숙소로 돌아가는 길을 잃어버렸다. 호텔을 나올 때는 분명 해가 비쳤지만 도중에 날씨가 흐리고 바람이 불더니 몹시 추워졌다. 주변에 인적은 없고 내가 어디에 있는지 도통 짐작할 수 없었다. 만약 그곳에서 친절한 한 가족을 만나지 않았더라면 어쩌면 그대로 동사했을지도 모른다……라는 것은 물론 농담이지만, 정말 추웠다.

이탈리아 중부의 미로 같은 옛 도시에서는 숙박중인 호텔을 잊어버린 일도 있었다. 한 시간 정도 달리고 아, 기분 좋다, 자, 호텔

로 가서 샤워해야지 했는데, 호텔 이름이 생각나지 않았다. 난감했다. 길을 물어볼 수가 없잖은가. 자포자기하고 여기저기를 달리던 중에 낯익은 호텔이 눈앞에 불쑥 나타나서 구사일생으로 해결됐지만, 그러지 않았더라면 대체 어떻게 되었을까.

  그리스에서는 달리다보면 종종 "오빠, 잠깐 쉬면서 우조아니스의 열매로 맛을 낸 그리스산 리큐어 한잔하고 가" 하는 유혹의 소리들이 걸음을 멈추게 한다. 물론 정중히 거절하지만(그런 것을 마시면 달릴 수 없단 말이지), 아무튼 자신의 다리로 거리를 달리면서 바라보는 세상의 풍경은 정말 멋있다. 그럼, 그럼.

안녕을   말하는   것은

레이먼드 챈들러의 소설에 '안녕을 말하는 것은 잠시 죽는 것이다'라는 유명한 대사가 있다. 나도 여차할 때 그런 **결정적인** 대사를 한 번쯤 뱉어보고 싶다고 생각은 하지만, 쑥스럽다고 할까, 좀처럼 맨정신으로 할 수 있는 말이 아니다. 그렇다고 취하면 말실수할 것 같고 말이다.

챈들러 씨에게 이의를 제기하는 것은 아니지만 사견을 좀 늘어놓자면 '안녕'을 말해도 사실 바로 죽지는 않는다. 우리가 정말 잠시 죽는 것은 자신이 '안녕'을 말했다는 사실을 몸으로 직접 체감했을 때다. 이별을 말했다는 사실의 무게를 자신의 일로서 실감했을 때. 그러나 대부분의 경우, 거기에 이르기까지는 주위를 한 바퀴 돌아볼 시간이 필요하다.

나도 지금까지 인생에서 적지 않은 사람들에게 이별을 고해왔지만 '안녕'을 능숙하게 말했던 예는 거의 기억에 없다. 지금 돌이켜보면 '좀더 제대로 말했더라면 좋았을걸' 하는 생각도 든다. 그래서 후회가 남는다—고 할 정도는 아니지만(설령 후회스럽다고 해

도 그래서 삶의 방식을 고칠 것도 아니고), 자신이 얼마나 부족하고 무책임한 인간인가를 새삼 실감하게 된다. 인간은 아마 어떤 일이 생겨 갑자기 덜컥 죽는 게 아니라 여러 가지 이유를 켜켜이 조금씩 쌓으면서 죽음으로 가는 것일 테죠.

예외로 아름답게 안녕을 말했던 이야기를 해보자.
20세기의 마지막 날, 카우아이 섬의 노스쇼어는 노을이 너무나 멋있고 아름다웠다. 선명한 오렌지색의 덩어리가 산등성이 너머로 지금 막 숨으려 하고, 바다도 구름도 같은 색으로 물들어 있었다. 나는 석양을 보기 위해 정처 없이 차를 몰았다. 라디오에서는 마침 브라이언 윌슨의 명곡 〈캐롤라인 노〉가 흐르고 있었다. 듣고 있자니 가슴이 울컥 뜨거워지면서 한참 동안 말이 나오지 않았다.
20세기가 가는 것에 대해 그때까지 딱히 관심이 없었다. 그저 달력상의 문제에 지나지 않는 거라고 내심 생각했다. 그러나 그 노래를 듣고 있자니, '지금 이렇게 하나의 거대한 시간 덩어리가 이별

을 알리고 있구나' 하는 생각이 자연스레 들었고 점차 온몸으로 퍼져나갔다. 〈캐롤라인 노〉를 처음 들은 것은 열여섯 살 때였다. 그때는 솔직히 이 노래가 좋은지 몰랐다. 지금은 알고 있다. 절절히 알고 있다. 이런 과정을 거쳐 나의 20세기가 지나갔구나, 라는 것을 실감했다. 물론 대단치는 않을지 모르지만 내게는 의미 있는 일이었다.

그런 이유로 나는 20세기에게 그 나름의 배경에 음악까지 곁들여 개인적으로 멋있게 작별을 고했던 것 같다. 뭐, 가끔은 그럴 때도 있다.

후기

여기 수록된 오십 편의 짧은 글들은 잡지 〈앙앙anan〉에 매주 한 편씩 일 년 동안 연재한 것입니다. 〈앙앙〉을 읽는 사람들은 대개 스무 살 전후의 젊은 여성들이 아닐까 합니다만, 그런 사람들이 대체 어떤 읽을거리를 원하는지—아니, 읽을거리 자체를 원하기는 하는지— 나는 전혀 짐작할 수 없는 터라(유감스럽게도 주위에 그 연령대의 사람이 없어서), 그렇다면 이것저것 생각하지 말고 뭐든 좋으니까 내가 흥미 있는 것을 마음대로 쓰자고 마음먹었습니다.

다만, 젊은 독자를 대상으로 쓰는 만큼 나름대로 한 가지 정해둔 것은, 안이한 단정 같은 것만은 피하자는 것입니다. '이런 것은 당연히 다들 알고 있을 테니까 일일이 설명할 필요는 없을 거야' 하는 전제를 포함한 문장은 쓰지 않도록 하자고, 무엇이 옳고 무엇이 그른가 하는 강요하는 글도 되도록 쓰지 않도록 하자고. 왜냐하면 어떤 사람에게는 옳은 것이 다른 사람에게는 옳지 않은 것도 있고, 어떤 때는 옳은 것이 다른 때는 옳지 않기도 하니까요.

이런 식으로 생각을 정리하니 뭔가 나 자신이 단순히 저기 저쪽에 떠도는 공기가 되어버린 듯, 특별히 고민하지 않아도 매주 비교적 술술 글이 나왔습니다. 〈앙앙〉 독자가 실제로 읽고 어땠는지는 잘 모르겠지만, 나는 좋아하는 것을 마음대로 쓸 수 있어 아주 즐거웠습니다. 여기 모은 글들이 세상에 도움이 된다거나 하는 일은 거의 없겠지만, 즐겁게 읽어주신다면 그리고 조금이라도 개인적으로 도움이 된다면 나로선 무엇보다 다행입니다.

연재 내내 오하시 아유미 씨의 삽화가 내게 큰 격려가 되었습니다. 내가 아직 원숭이 뇌 수준밖에 되지 않던 고등학교 시절, 오하시 씨는 비슷하게 어린 나이에 이미 〈헤이본 펀치〉의 표지를 그리고 있었고, 나는 매주 그 잡지를 사서 읽었습니다. 연재 때 실은 삽화에 더해 단행본을 위해 많은 삽화를 새로 그려주셔서 감사합니다.

무라카미 하루키

〈앙앙〉 연재 시절

 1999년 여름이 끝날 무렵이었을 겁니다. 〈앙앙〉 편집장에게서 "겐코샤에서 나온 〈일러스트레이션〉에 실린 판화를 보고 싶다"는 전화가 왔습니다. 거기에는 여섯 점 정도 처음으로 도전한 판화가 게재되어 있었습니다. 편집장의 지인 중에 한 장 갖고 싶어하는 분이 있나보다 하고 몇 장을 보냈습니다.
 한동안 아무 답장도 없었습니다. 마음에 들지 않나보군 생각하던 참이었는데, "무라카미 하루키 씨가 앙앙의 연재 에세이를 써주시기로 했는데 삽화를 판화로 하려고요" 하는 연락을 받았습니다. "무라카미 하루키 씨에게 연재를 승낙받다니 〈앙앙〉도 대단하네요. 어느 분 판화를 삽화로 쓰는 거예요?" 물었더니, "조만간 무라카미 씨를 만나주세요. 오하시 씨의 판화를 마음에 들어하시더군요"라고 하는 게 아닙니까.
 글쎄 삽화를 제가 하게 됐던 겁니다. 편집장에게 맡긴 판화를 무라카미 하루키 씨한테 보여주었던 거죠. 대단한 건 내 쪽이었습니다. 〈앙앙〉이라면 제 그림 좀 써주세요 하고 부탁할 수도 있지만,

무라카미 씨의 글에는 아무리 그림을 넣고 싶어도 부탁 같은 걸 할 수 없잖아요. 꿈도 꿀 수 없는(깨면 실망할 테니) 일입니다. 일러스트 일을 하길 참 잘했다는 생각이 들었습니다. 판화도 도전하길 잘했고요.

나는 무라카미 하루키 씨의 팬입니다. 신간이 나오면 바로 서점으로 달려가는 팬입니다. 서점에 진열된 책이 흐트러져 있으면 가지런하게 바로해놓는 팬입니다.

그래서 더 긴장된 마음으로 시작했습니다.

앙앙의 '무라카미 라디오'는 심플한 분위기로 일 년간의 연재를 시작했습니다. 특출나지 못한 판화 솜씨지만 이런 기회는 두 번 다시 없을 거라고 생각하면서, 힘내자! 이번 호도 힘내자! 다독였습니다.

판화는 삽화와 같은 치수의 동판에 니들(끝이 뾰족한 바늘 모양의 금속)로 긁어서 그림을 그립니다. 그리고 인쇄할 때 거기에 잉크를 채워 적신 종이(젖은 종이가 아니면 잉크가 전사되지 않음)에 찍어줍니다. 이 기법을 드라이포인트라고 하는데요. 찍은 것을 보고 덧그려야 할 때도 있으니 옆에서 지켜보고 있는데, 문제가 없으면 판자에 붙여 이틀 정도 말립니다. 이것이 원화입니다. 시간이 좀 걸리죠. 〈앙앙〉은 주간지이지만, 무라카미 씨가 한 달 치 원고를 한꺼번에 주기 때문에 별 무리 없이 할 수 있었습니다.

그렇긴 해도 이런 그림으로 괜찮을까, 매회 고민했습니다. 이를테면 115쪽의 크로켓 고양이나 149쪽의 혀를 내민 여자아이. 크로켓 고양이는 평이 좋지 못했고 여자아이는 굉장히 좋았습니다만, 나는 똑같이 걱정했습니다. 반응을 예측할 수 없었거든요.

편집장 다음으로 무라카미 씨의 에세이를 읽는 행복한 일 년이 눈 깜짝할 사이에 지나가버렸습니다. 지금 기분을 말하자면, 드디어 끝났구나입니다.

그리고 '무라카미 라디오'는 바로 매거진하우스에서 단행본으로 나오게 되었는데, 무라카미 씨의 제안으로 에세이 한 편에 두 장의 삽화를 넣게 되었습니다. 제 그림을 많이 끼워주었죠. 2001년 6월에 출간되었고요.

  이번에 기쁘게도 신초샤에서 단행본과 같은 그림을 실어 문고판으로도 나오게 되었습니다.

  그런데 삽화에 대한 얘기를 쓰라는 청탁을 받고, 얼마나 긴장했던지요. 무라카미 하루키 씨 책이잖아요. 이렇게 글을 쓰고 있으니 영광스러워서 가슴이 터질 것 같습니다.

  무라카미 하루키 씨, 삽화를 끼워주셔서 정말정말 기쁘게 생각합니다.

오하시 아유미

* 문고판(초판 2003년 발행)에만 실려 있는 글입니다.

그림_ 오하시 아유미 大橋步

1940년 미야기 현에서 태어나 다마 미술대학을 졸업했다. 1964년 주간 〈헤이본 펀치〉의 표지 일러스트로 데뷔한 이래 잡지, 단행본, 광고 등 다양한 분야에서 활동하고 있다. 특히 살림이나 생활 전반에 관련된 일러스트 및 에세이로 세대를 불문하고 여성은 물론 남성 독자에게도 지지받고 있다. 2002년부터는 잡지 〈아르네〉를 창간, 기획에서 취재·편집·촬영에 이르기까지 전방위적으로 활약하고 있다.

옮김_ 권남희 權南姬

일본문학 전문 번역가. '무라카미 라디오' 시리즈를 비롯해 우타노 쇼고의 《봄에서 여름, 이윽고 겨울》, 미우라 시온의 《배를 엮다》, 덴도 아라타의 《애도하는 사람》, 온다 리쿠의 《밤의 피크닉》, 기리오 나쓰오의 《부드러운 볼》 등 다수의 작품을 우리말로 옮겼고, 《길치모녀 도쿄헤매기》《번역에 살고 죽고》《번역은 내 운명(공저)》 등을 썼다.